Aura-Soma para Crianças

Christine Mill
Dr. Stephan v. Andrenyi

Aura-Soma para Crianças
Um guia para ser feliz

Tradução
FLÁVIO QUINTILIANO

EDITORA PENSAMENTO
São Paulo

Título do original: *Aura-Soma für Kinder.*

Copyright © Aquamarin Verlag.

Voglherd 1 · D-85567 Grafing, Germany.

Capa: Annette Wagner.

Fotos: Ralf Blechschmidt.

Todos os direitos reservados. Nenhuma parte deste livro pode ser reproduzida ou usada de qualquer forma ou por qualquer meio, eletrônico ou mecânico, inclusive fotocópias, gravações ou sistema de armazenamento em banco de dados, sem permissão por escrito, exceto nos casos de trechos curtos citados em resenhas críticas ou artigos de revistas.

O primeiro número à esquerda indica a edição, ou reedição, desta obra. A primeira dezena à direita indica o ano em que esta edição, ou reedição, foi publicada.

Edição	Ano
1-2-3-4-5-6-7-8-9-10-11	03-04-05-06-07-08-09-10-11

Direitos de tradução para a língua portuguesa
adquiridos com exclusividade pela
EDITORA PENSAMENTO-CULTRIX LTDA.
Rua Dr. Mário Vicente, 368 — 04270-000 — São Paulo, SP
Fone: 6166-9000 — Fax: 6166-9008
E-mail: pensamento@cultrix.com.br
http://www.pensamento-cultrix.com.br
que se reserva a propriedade literária desta tradução.

Impresso em nossas oficinas gráficas.

Sumário

Agradecimentos 7
Prefácio 9
Introdução 11
Uma alma infantil desperta novamente 11
1. Como surgiu a Aura-Soma 13
2. O corpo sutil de uma criança 15
3. O significado das cores 19
4. Preparação espiritual para ter um filho 33
   Uma alma encontra o lar 33
   Uma vida nova se anuncia 34
   Gravidez, parto e homeopatia 37
   Frascos Aura-Soma indicados para a concepção, a gravidez, o parto e para a criança recém-nascida 43
   A massagem Aura-Soma para crianças 45
5. Uma educação carinhosa 49
   Esclarecendo o próprio passado 49
   Como tranqüilizar o filho 53
6. Os oito frascos do conjunto Aura-Soma para crianças ... 57
   O que é a Aura-Soma e como ela funciona? 57
   Possibilidades de aplicação 59

Os frascos Aura-Soma para crianças 61
Frasco 11 • Cristalino sobre Rosa 61
Frasco 12 • Cristalino sobre Azul 63
Frasco 13 • Cristalino sobre Verde 65
Frasco 14 • Cristalino sobre Ouro 67
Frasco 15 • Cristalino sobre Violeta 69
Frasco 20 • Azul sobre Rosa 71
Frasco 77 • Cristalino sobre Magenta 73
Frasco 86 • Cristalino sobre Turquesa 75
7. Histórias sobre o bem-estar proporcionado pela
   Aura-Soma 77
   O balão cor-de-rosa 79
   O som cristalino 81
   Uma vida nova 84
   O pequeno raio de Sol 86
   A centelha divina 88
   O Filho das Estrelas 90
   O rio 93
   As gotas de orvalho 96
8. Os oito Pomânderes do conjunto Aura-Soma para crianças 99
   O que são Pomânderes? 99
   Possibilidades de aplicação 100
   Quando deve ser usado um Pomânder? 102
   Como deve ser usado um Pomânder? 102
9. Pequenas meditações sobre os Pomânderes 105
10. Introdução à homeopatia 115
11. Remédios homeopáticos que complementam os frascos
    Aura-Soma para crianças 119
Conclusão 133
Sugestões de leitura 135

Agradecimentos

Gostaria de agradecer sobretudo a meu editor, o dr. Michel, que se interessou por minhas histórias infantis e concordou em publicar este livro.

Além disso, agradeço a Josef Ametsbichler, meu namorado, que conheci durante a redação deste livro e que despertou em mim sentimentos de amor, expandindo minha sensibilidade para que eu pudesse escrever de coração aberto. Ele influenciou minha criatividade de maneira decisiva.

Agradeço também a Vicky Wall, que com seu "Frasco do Filho das Estrelas" me levou de volta à infância.

Obrigada a Michael Goltz, que com sua "música de luz colorida" introduziu uma vibração mais alta em minha sensibilidade pelas cores.

Obrigada ao dr. von Andrenyi, cuja contribuição realçou o valor deste livro e que também me incentivou de maneira abnegada durante a redação do mesmo.

Agradeço sobretudo a meu instrutor, o dr. Golling, que me ajudou a achar o caminho para casa quando me senti perdida em minha alma infantil recém-descoberta, assim como à sua secretária, a sra. Wagner, que me ofereceu amizade e apoio para a conclusão deste livro.

Prefácio

Este livro é uma tentativa de agradecer a todas as crianças do mundo, que vieram até nós para nos encantar com seu riso e preservar nosso amor. Temos de cuidar de suas pequenas almas, para que esse potencial considerável nos livre da estreiteza e nos traga alívio no caminho do conhecimento e da evolução pessoal.

As crianças embelezam nossas vidas de maneira especial, e nunca lhes seremos suficientemente gratos por isso.

A Aura-Soma nos incentiva a colaborar para que a estrela no interior das crianças brilhe com força e para que sua luz jamais se apague.

Este livro é também um presente que ofereço a todas as mães e pais que escolheram o caminho espiritual por amor a seus filhos, a fim de aliviar as dores grandes e pequenas dessas crianças e dar-lhes apoio no caminho que leva ao mundo dos adultos.

Introdução

UMA ALMA INFANTIL DESPERTA NOVAMENTE

Um dia, vi os frascos coloridos da Aura-Soma na vitrine de uma livraria e fiquei fascinada. Eles despertaram em mim tal interesse, que depois de alguns dias me inscrevi para participar de um curso sobre Aura-Soma. Assim, tive uma primeira idéia das possibilidades de aplicação dos produtos Aura-Soma, e ao longo do curso pude também aperfeiçoar meu saber e minha sensibilidade intuitiva.

Dei outro passo importante quando comecei a usar o "Frasco do Filho das Estrelas". Ainda não tinha usado metade do conteúdo, quando senti um forte desejo de escrever uma história a respeito de cada um dos frascos de Equilíbrio para crianças, deixando que minha "criança interior" tomasse a palavra. Ela tinha estado prisioneira por muito tempo, pois eu não conseguia lembrar praticamente nada sobre minha infância. Mas de repente emergiam lembranças dentro de mim, e eu voltei a experimentar a infância com todos os seus cheiros, gostos, sensações e imagens. Voltei a entender a alma infantil, recuperando minha identidade primitiva. Era uma sensação maravilhosa, que me inspirou enorme gratidão por aquele pequeno frasco, colocado à minha frente com seu brilho rosa e azul-claro e destilando seus bons fluidos dentro de mim.

Numa bela manhã de maio do ano de 1996, sentei-me num lugar ao sol e escrevi minha primeira história. Ao escrever, chorei muito, pois meus sentimentos represados se libertavam enquanto as palavras iam jorrando. No início de cada história, eu me sentia embalada pela confiança de que ela teria um final feliz e o texto seria adequado ao espírito do frasco. As coisas aconteceram exatamente dessa maneira, mas muito tempo se passou antes que eu encontrasse um editor. Enquanto isso, tive a oportunidade de ler minhas histórias para outras pessoas, e acho que elas ficaram comovidas. Assim, além de curar minha "criança interior", acredito que ajudei a curar outras pessoas.

Foi esse o impulso que me levou a escrever este livro. Fiz um grande esforço para não enchê-lo de saber teórico, deixando mais espaço para que o amor pudesse fluir. Os bons fluidos da Aura-Soma me ajudaram nisso, mas devo agradecer também a meu conselheiro e amigo, o dr. von Andrenyi, cuja contribuição foi decisiva para a redação deste trabalho. Seu saber sobre as possibilidades terapêuticas da homeopatia foi um acréscimo valioso. Num futuro próximo, a homeopatia poderá contribuir de maneira decisiva para complementar os recursos da Aura-Soma.

1. Como surgiu a Aura-Soma

A Aura-Soma foi concebida e trazida até nós por Vicky Wall. Certa noite, ela estava meditando quando ouviu uma voz que dizia: "Separe a água". Na noite seguinte, ela ouviu o mesmo desafio. Mas só na terceira noite Vicky Wall conseguiu pôr em prática aquela inspiração. Foi assim que surgiu o primeiro frasco de Equilíbrio Aura-Soma.

Naquela altura, Vicky Wall já estava cega, mas alguma coisa conduziu suas mãos nessa tarefa. Ela se lembrou de uma sabedoria antiqüíssima e deixou-a fluir, cheia de confiança.

De início, ninguém sabia que utilidade teriam aqueles frascos. Mas depois que foram apresentados em algumas exposições e congressos, verificou-se que os frascos de Equilíbrio tinham efeito terapêutico, pois atraíam pessoas com uma determinada carência ou problema, de acordo com as características de cada frasco. Assim, as pessoas começaram a escolher seus próprios frascos, e essa filosofia foi preservada até hoje. A Aura-Soma é considerada uma terapia espiritual que não impõe nada a ninguém. As pessoas podem confiar em sua voz interior e decidir por conta própria os frascos que preferem usar. Esse princípio fundamental se deve a Vicky

Wall, que costumava dizer: "O mestre está dentro de cada pessoa. Aquilo que oferecemos são apenas pontos de referência".

Nos anos 80, o centro Dev Aura foi fundado em Lincolnshire, na Inglaterra. Antes de sua morte, ocorrida em 4 de janeiro de 1991, Vicky Wall conheceu Mike Booth. Mike era vidente desde o nascimento e conseguia enxergar a aura das pessoas. Vicky pediu o apoio dele e de sua esposa Claudia para continuar esse trabalho, e foi assim que Mike assumiu a direção do centro Dev Aura, levando adiante a missão de Vicky Wall depois da morte dela.

Vicky Wall era uma mulher fora do comum. Nasceu em Londres, sétima filha de um pai que por sua vez também foi o sétimo filho de seus pais. Tinha dons paranormais, era vidente e conseguia enxergar a aura das pessoas. Seu pai foi um mestre da Cabala que ensinou seus conhecimentos de fitoterapia (propriedades terapêuticas das plantas) a várias pessoas, inclusive à filha. Vicky Wall sofreu três acidentes que quase a mataram. Costumava dizer que aqueles acidentes foram um aviso de que sua missão era servir à humanidade. A cegueira de Vicky Wall funcionou como um impulso definitivo, tornando-se emblemática para a evolução da Aura-Soma.

2. O corpo sutil de uma criança

Os "filhos da Nova Era", como dizia Vicky Wall, usando a mesma expressão para designar alguns frascos do conjunto para crianças, encontram-se, tanto quanto os adultos, diante de grandes mudanças no início da "Era de Aquário". O fluxo da energia sutil se torna mais intenso e também mais luminoso, e isso nos permite acelerar nossa transformação.

No entanto, ainda nos empenhamos em resolver nossos problemas principalmente no mundo exterior, já que é ali que se manifestam suas conseqüências.

As energias das essências Aura-Soma nos conduzem para dentro, para nosso mundo interior. Ali podemos identificar as verdadeiras causas dos problemas, e assim temos condições de transformá-las. A mesma coisa podemos fazer com as crianças, e nesse caso com mais facilidade ainda, pois a alma infantil aceita as transformações sem preconceitos. É a intuição que inspira esse trabalho com a alma infantil, pois o espírito se modifica primeiro, provocando então mudanças no mundo exterior.

As essências Aura-Soma penetram no corpo físico, astral e mental, afetando também os setores emocional e espiritual.

Os diferentes corpos de energia também se interpenetram e se modificam, conforme o estágio de desenvolvimento da criança.

Esses corpos de energia contêm sobretudo o registro do karma da criança, que é ampliado pelas vivências da encarnação atual. Os óleos atuam em todos os corpos de energia, mas seu efeito é diferente em cada um deles.

Também existe uma ligação entre os corpos de energia e os chakras, que são zonas do corpo sutil portadoras de energia vital. Quando um ou mais chakras está em desequilíbrio, a harmonia do fluxo energético não é mais possível.

Quando a energia consegue fluir livremente, as características correspondentes a cada chakra atingem seu potencial máximo.

É fácil imaginar que a alma infantil reaja com muita sensibilidade à desarmonia, como cordas desafinadas de um instrumento.

O objetivo da vida das crianças na Terra é continuar evoluindo e desfazer o karma remanescente de vidas passadas. Essas energias não resolvidas se refletem nas circunstâncias de vida atuais e nas projeções energéticas negativas com relação a cada chakra:

Primeiro chakra:	Insegurança, timidez, nervosismo, tristeza.
Segundo chakra:	Insatisfação, pensamento negativo, complexos de inferioridade, incapacidade de decidir, incoerência.
Terceiro chakra:	Sensibilidade excessiva, impaciência, agressão, mania de criticar, agitação constante, intolerância.
Quarto chakra:	*Stress*, inquietação, nervosismo, esgotamento nervoso, insônia.
Quinto chakra:	Seriedade exagerada, animosidade, retraimento, relação de dependência, preconceitos, rejeição.
Sexto chakra:	Renúncia ao mundo, falta de sinceridade, mania de acusar as outras pessoas, submissão, propensão aos vícios.
Sétimo chakra:	Medo de perder, cobiça, inveja, necessidade de garantias, desejo de dominar, solidão.

O uso dos frascos de Equilíbrio adequados pode resolver esses problemas. A escolha do frasco deve se basear no chakra específico e na cor que lhe corresponde.

Chakra	Localização	Características principais
Chakra da Raiz	Entre o ânus e os genitais	Energia vital primitiva, ligação com as forças da terra, estabilidade interior, capacidade de se impor às outras pessoas.
Chakra do Sacro	Parte superior do sacro, onde começam os pêlos púbicos	Sentimentos primitivos, fluxo vital, sensualidade, erotismo, confiança, segurança.
Chakra do Plexo Solar	Dois dedos acima do umbigo	Fortalecimento da personalidade, paz, tranqüilidade, alegria, harmonia, sentimento de auto-estima.
Chakra do Coração	No meio do peito	Fortalecimento das qualidades do coração – amor, dedicação, delicadeza, carinho, empatia.
Chakra da Laringe	Entre a cavidade da garganta e a laringe	Fortalecimento da expressão dos próprios sentimentos, comunicação, leveza e liberdade.
Chakra Frontal	Um dedo acima do nariz, no meio da testa	Fortalecimento dos sentidos interiores, inspiração, intuição e percepção extra-sensorial.
Chakra da Coroa	No alto da cabeça	Unidade, integridade, auto-realização, consciência universal, perfeição suprema.

3. O significado das cores

Os chakras se caracterizam não somente pelas energias que eles concentram, gerando determinadas tendências de personalidade, mas também pela vibração colorida que corresponde a cada um deles:

Primeiro Chakra: Vermelho
Segundo Chakra: Laranja
Terceiro Chakra: Amarelo
Quarto Chakra: Verde/Rosa
Quinto Chakra: Azul
Sexto Chakra: Violeta
Sétimo Chakra: Branco

    A Aura-Soma atribui duas outras cores à região situada entre o quinto e o sexto chakras e à região exterior ao corpo, cerca de dez a vinte centímetros acima da cabeça. São respectivamente as cores Turquesa e Magenta.
    Os frascos permitem estabelecer uma analogia entre as cores correspondentes e as carências espirituais da criança, da maneira

como se manifestam no nível físico. Com isso, os pais aprendem a conhecer melhor seus filhos, e graças a esse conhecimento podem usar os frascos e Pomânderes adequados.

A seguir, vamos tratar só das cores representadas no conjunto para crianças. O significado das outras cores pode ser examinado com base nas sugestões de leitura sobre Aura-Soma apresentadas no final deste livro.

ROSA

O Rosa, ou Cor-de-rosa, é a cor do amor incondicional, da dedicação e do carinho.

Quando uma criança vem ao mundo, ela é a mais pura manifestação de amor. Aquele pequeno ser é o resultado e a mais linda expressão do amor entre duas pessoas. Delicada como pétalas de rosa, a criança está agora nos braços dos pais, que devem lidar com ela com cuidado e carinho. O mesmo cuidado devem dedicar ao amor dessa criança, que se entrega e confia neles totalmente.

Esta é a função da cor Rosa: a ampliação do amor incondicional é uma chance que nos é oferecida para melhorar todos os nossos relacionamentos. A energia feminina desperta e pode ser ampliada, independentemente do sexo da pessoa. Começamos a nos preocupar com as pessoas ao nosso redor, atendendo às suas necessidades de carinho e calor humano. Esse aprendizado é uma prioridade na época atual, pois pode levar ao despertar de uma consciência coletiva.

Quando dedicamos amor incondicional às crianças, fortalecemos sua auto-estima e criamos condições para que elas aceitem e amem a si mesmas. Este é o fundamento para que, futuramente, elas possam amar de todo o coração, sem fazer exigências. Não existe herança maior que se possa deixar aos filhos, pois ali onde vive o amor, o medo não existe.

Uma vida sem medo é uma vida luminosa. A cor Rosa desperta uma sensação de leveza, como se a criança fosse amparada por mãos invisíveis, e ela se sente compreendida em sua necessidade íntima de proteção. Manifesta-se uma alegria, um sorriso, uma felicidade interior que você vê estampada no olhar. Então, você percebe que tem nos braços uma criança feliz.

AZUL

Azul é a cor de um céu de verão sem nuvens. O Azul inspira tranqüilidade e paz. Ele nos mostra o caminho em direção à leveza do ser, antes da transição do final da tarde, quando se torna um profundo Azul-cobalto, a cor do céu noturno com suas estrelas que nos inspiram confiança.

É o azul infinito do mar, cuja visão transmite uma sensação de paz, sossego e alívio quando nossas emoções estão em tumulto.

Os pássaros que voam em círculo no céu representam a segurança que nos faz falta quando não sentimos mais o chão firme sob os pés. Eles nos mostram que a sensação de segurança pode se manifestar quando abrimos mão de tudo o que temos perder, voando em direção ao infinito do universo.

O Azul é a cor de nossa infância, uma época na qual costumávamos nos perder em fantasias, vivendo num mundo de sonhos para fugir da realidade. Essa atitude pode representar também um perigo. Renunciar ao mundo e relaxar demais diante dos acontecimentos da vida nos coloca à margem, num estado de espírito de vazio e sem motivação.

Devemos escolher os aspectos positivos dessa cor e fortalecer a intuição, a fim de criar nosso próprio mundo com um sentimento de segurança e organizar nossa vida de maneira dinâmica. As crianças não devem se perder demais em fantasias, pois podem exprimir de outra forma sua ânsia pela liberdade. Podem demonstrar sua independência pelo relacionamento equilibrado com as pessoas ao redor, vivendo sua individualidade de maneira positiva.

Quando o sol mergulha no mar azul e o fim do dia se aproxima, nós nos aninhamos na paz do espírito e podemos olhar para o dia que acaba, cheio de realizações.

VERDE

O Verde intenso dos prados na primavera nos lembra a época, depois do inverno, quando os dias se tornam mais longos e mais quentes. Deixamos a estreiteza da casa e caminhamos em direção à natureza e à liberdade. Diante dessa cor, as crianças têm uma sensação de amplidão e equilíbrio interior. O Verde inspira fé, esperança e confiança. O Verde é a cor do chakra cardíaco, o cerne da vida.

Devemos oferecer proteção às crianças para que elas caminhem ao longo da vida com segurança e bem-estar. Nossas crianças devem crescer como a árvore verde à margem do bosque, cujas raízes penetram fundo na terra e lhe dão sustento para crescer em direção ao céu, sem esquecer que a vida está sujeita a mudanças constantes. Apesar de suas raízes na terra, a árvore tem espaço suficiente para crescer e se tornar um indivíduo íntegro no universo infinito.

As mudanças tornam nossa vida dinâmica e nos dão a possibilidade de agir de maneira flexível e criativa. Mas só uma criança que sente suas raízes tem condições de caminhar e crescer sem medo em direção à liberdade. Os pais se vêem diante do desafio de abrir mão da individualidade e criar um espaço para que a criança experimente a liberdade sem sentimentos de culpa. Se lhe dão liberdade de escolha, a criança sempre volta para o lugar onde estão suas raízes. Assim, ela pode experimentar a liberdade sem correr grandes riscos.

Mas o mais importante é a visão de mundo de uma criança que cresce livremente, compreendendo os limites dos relacionamentos e ampliando a consciência de si mesma, respeitando-se a si mesma e às outras pessoas.

O Verde da renovação da vida ajuda a criança em todas as suas tentativas de se conhecer e descobrir a verdade a respeito de si mesma. Este é um ponto importante, pois dessa forma ela pode se proteger do hábito de enganar a si mesma e às outras pessoas. O Verde alimenta o corpo, expande o coração e ilumina o espírito.

OURO

Todos nós esperamos encontrar moedas de Ouro no fim do arco-íris, no fim do mundo, onde as gotas de chuva refletem os raios de sol. Essa fantasia significa um grande desejo insatisfeito mas também a esperança de encontrar esse Ouro. Pena que as moedas estejam tão distantes de nossa realidade.

Aqui se revela a sabedoria daqueles que sabem que o Ouro verdadeiro não está no fim do arco-íris. O Ouro que enriquece nossa vida não está no mundo material, e sim, no coração das pessoas. Aqueles que têm um coração de Ouro são os príncipes deste mundo.

Todos nós desejamos uma vida luminosa, principalmente para nossos filhos. Queremos estar no lado da vida iluminado pelo sol. Sonhamos com a constância e a estabilidade em nossa existência. O brilho do Ouro deve esclarecer nosso espírito e nos aproximar de um estado de iluminação. Para isso, é necessária a dose certa de energia, cuidado e concentração. Quando todas essas qualidades estão em equilíbrio e nós conseguimos realizar nossas tarefas, estamos no caminho da iluminação.

Mas o medo também é uma das características representadas pela cor Ouro, principalmente os temores irracionais. Aqui encontramos o medo neurótico que deve sua origem à perda da segurança.

As crianças devem ter a possibilidade de fortalecer seus valores íntimos e ganhar confiança em si mesmas, para aceitar sua força interior. O Ouro do frasco Aura-Soma ajuda as crianças em seu caminho de vida, ao longo do qual elas crescem e aprendem constantemente. O Ouro é a cor da inteligência, mas também da alegria e do calor humano. São qualidades que nos enriquecem e enchem nossa vida de beleza.

VIOLETA

A cor Violeta sugere um mundo de magia. Ela nos lembra a túnica do mago que inspirou nossas ilusões da infância, trazendo um pedaço do céu para dentro de nosso mundo infantil.

Mais do que todas as outras, essa cor representa a entrega total e a transformação. Seu lema é: "Morre e renasce". Todos nós sabemos que a morte implica uma chance de recomeço. É a qualidade especial desta cor. Ela nos oferece também a possibilidade de reparar as injustiças depois de uma briga, curar feridas e estabelecer a paz.

O Violeta é uma cor escura e pesada, mas nela residem a força e o crescimento. Quando uma criança sente a energia dessa cor como algo negativo, isso significa que ela tem dificuldades de lidar com o lado material da vida. Talvez ela tenha a sensação de não "estar aqui", assumindo atitudes de fuga da vida ou dependência.

Por isso, as vibrações da cor Violeta ajudam essa criança a entender o sentido da vida, percebendo que viver é um desafio. Nesse processo, a evolução da criança é um fator decisivo para seu bem-estar espiritual. Crianças que se sentem atraídas pela cor Violeta costumam escolher na vida adulta profissões nas quais podem ajudar outras pessoas. Prestar serviços sem esperar recompensa mostra que essa criança tem integridade interior.

O Violeta é a cor do outono, quando caem as folhas das árvores, úmidas de chuva, e se tingem de um brilho violeta. Sete é um número mágico. Fala-se nas "sete maravilhas" deste mundo e nos "sete céus". A escala musical tem sete notas e o arco-íris tem sete cores. Sete também é considerado o "número da terra".

A cor Violeta representa o fim de um processo com a possibilidade de um recomeço, depois de termos deixado os antigos padrões de comportamento e o peso das vivências passadas.

MAGENTA

A cor Magenta dá uma sensação de melancolia, de que não existe constância na vida e é preciso abrir mão de tudo para alcançar a tranqüilidade e a harmonia. Essa cor faz as crianças perceberem que só assim podem descobrir suas qualidades e talentos. Então, elas sentem a alegria e a leveza necessárias para enfrentar os assuntos da vida cotidiana com atenção e amor.

Essa leveza e alegria também ajudam a preservar o equilíbrio interior em fases de mudança que acontecem fatalmente ao longo da vida, especialmente mudanças que exigem uma nova mentalidade, quando as crianças se afastam do caminho conhecido.

As situações de desequilíbrio sempre causam dor e sofrimento, e é preciso perdoar as pessoas que causam essa dor. Isso faz surgir uma nova visão das coisas, que esclarece o sentido desses acontecimentos na vida da criança.

O relacionamento com as outras pessoas se torna mais carinhoso, o canal que leva ao amor em sua mais alta dimensão se abre e a auto-estima se fortalece. A criança se sente descontraída, pois percebe qué tem luz e amor suficientes à sua disposição e não precisa se preocupar com isso. Protegida por essa certeza, ela deixa fluir seu amor e recebe em troca todo o amor do mundo.

O Magenta é a cor do cálice de vinho da Eucaristia, ou Ceia do Senhor. Esse vinho é uma dádiva abundante para todas as pessoas, acendendo a chama do amor e curando o sofrimento.

TURQUESA

As vibrações energéticas da cor Turquesa podem ser comparadas à espuma das ondas do mar. Essa cor nos transmite leveza e alegria de viver, e a expressão total dos sentimentos.

O Turquesa, assim como o Magenta, é uma das cores da "Nova Era". Só recentemente essa cor penetrou na consciência das pessoas e por isso tem relação com uma nova etapa da evolução.

Nossos filhos se perguntam: "Quem sou eu?" A resposta a esta pergunta deve inspirar alegria, uma espécie de felicidade que gera auto-estima profunda e uma sensação libertadora de superação dos limites.

Os golfinhos que vivem no mar, em comunhão perfeita uns com os outros, sugerem aos homens a possibilidade de uma comunicação harmoniosa. Essa comunicação mostra que as boas amizades são muito importantes, pois só assim a criança tem estabilidade emocional para viver os próprios sentimentos em comunhão com outras pessoas.

A cor Turquesa também pode ajudar seu filho a entrar em contato com as tecnologias mais recentes, que permitem trocar experiências com pessoas do mundo inteiro. Essa é a característica principal da cor Turquesa, pois é uma simbiose do Azul, situado na região da garganta, e do Verde, a cor do coração. Quando coração e garganta vibram em harmonia, a voz tem um potencial restaurador e terapêutico. Ela encontra expressão em conselhos, canções e em todas as formas de comunicação benéfica.

Quando é usada em excesso, a cor Turquesa faz a criança idealizar a vida e se perder em utopias. Nesse caso, você deve trazê-la de volta à vida real, propondo atividades criativas. Você deve fortalecer a intuição dela e despertar a empatia pelas outras pessoas e os animais. Então, ela passa a agir como os golfinhos do mar, com a mesma intuição que permite saber quando um deles tem algum problema.

A cor Turquesa tem uma vibração que ajuda a estabelecer contato com outras pessoas no nível dos sentimentos e da empatia. Esse é o pressuposto ideal da comunicação pacífica, pois inspira uma compreensão clara que permite viver amizades profundas.

4. Preparação espiritual para ter um filho

UMA ALMA ENCONTRA O LAR

"Deus criou o homem, que assim passou a existir. Deus o criou a partir do Espírito e por toda a eternidade. Porém, o homem também recebeu de Deus o livre-arbítrio, que fez com que ele se afastasse da lei divina do amor e deixasse de existir enquanto Espírito. Para que o homem, ou o Espírito, continuasse existindo, Deus lhe deu uma alma como uma camada protetora, mas o homem caiu ainda mais fundo no universo material. Assim, Deus criou para ele o mundo visível."

O objetivo é levar o homem de volta a uma dimensão superior, e por esse motivo ele tem a possibilidade de evoluir ao longo de diferentes encarnações, a fim de recuperar as virtudes divinas e "voltar para casa". Por isso, as almas desejam retornar ao mundo para cumprir esse objetivo. Os pais têm a chance de oferecer amor e dedicação aos filhos até que eles desenvolvam a própria personalidade e possam seguir o próprio caminho. No entanto, é preciso criar condições para que uma nova vida possa existir.

Antes de encarnar, a alma de uma criança escolhe os futuros pais de acordo com sua missão de vida. O nascimento de uma criança num contexto familiar e social resulta da simbiose de dois fatores: as lições que essa alma precisa aprender e as tarefas que os pais têm de cumprir em relação a si mesmos e ao recém-nascido.

Assim, o nascimento de uma criança deficiente não deve ser confundido com um capricho de Deus. Ela nasce para que seus pais, ou um deles, tenham a oportunidade de agir com compaixão e amor e crescer com essa tarefa. Não é raro ouvir pais de crianças deficientes exprimindo gratidão por amar os filhos de maneira especial e com entrega total.

A alma da criança que vai nascer também é atraída pela aura dos pais. Trata-se da "aura verdadeira", que se constitui quando o esperma do pai encontra o óvulo da mãe e o fertiliza. A energia dessa primeira célula constitui o cerne da "aura verdadeira", tornando-se o objetivo da alma que deseja se encarnar.

A cor da "aura verdadeira", que surge como uma explosão durante a concepção, é idêntica à cor da "irradiação da personalidade" da alma que tenta se encarnar. A "irradiação da personalidade" é uma vibração colorida que revela a personalidade da alma naquela vida nova, no caminho da realização. A segunda vibração, a "irradiação da alma", é a bagagem que a alma traz de vidas passadas.

Quando a criança cresce um pouco mais, deve escolher seu próprio "frasco da alma". A parte inferior do frasco tem a cor de sua "irradiação da alma", e a parte superior tem a cor de sua "irradiação da personalidade".

UMA VIDA NOVA SE ANUNCIA

Uma atmosfera de tranqüilidade e amor é importante para estabelecer contato com a criança que está crescendo dentro de você. Os sentimentos dos pais devem estar em harmonia para que a futura criança se sinta protegida, sabendo que os pais se alegram com sua vinda. Não há dúvida de que um bom clima emocional tem efeito positivo sobre o desenvolvimento físico e mental da criança.

Tente se concentrar nos próprios sentimentos e estabelecer contato com sua "criança interior". Mergulhe em suas emoções, procure se acalmar inteiramente e experimentar as sensações com intensidade. Quais são os desejos de sua "criança interior", quais os sentimentos e necessidades dela? Deixe que sua fantasia se encha de imagens de amor e alegria, e procure se unir à sua alma. Você vai perceber como é importante manter esse contato para experimentar a harmonia interior. Seu estado de espírito vai se equilibrar cada vez mais e você vai viver momentos de grande intensidade emocional.

Poupe a si mesma durante a gravidez e dedique todo o seu tempo à futura criança. Faça passeios demorados ao ar livre e principalmente ouça belas músicas. Assim, sua alma alcança o céu, com uma felicidade que comove sua "criança interior". Uma vez estabelecido esse contato com a "criança interior", a criatividade se expande e você passa a entender as necessidades da criança que vai nascer. Ela vive em seu pequeno mundo interior, exatamente como você vive no mundo exterior, e precisa de amor, tranqüilidade e proteção. Quando essas necessidades são satisfeitas, a alma dela está preparada para uma vida em harmonia consigo mesma e com as outras pessoas depois do nascimento.

Criar intimidade com seu filho é a melhor preparação para uma vida nova. A criança se sente segura e protegida, com uma base sólida para uma vida feliz.

A meditação que vamos descrever a seguir pode lhe mostrar o caminho para sua "criança interior" e ao mesmo tempo preparar você para o parto.

Tente se descontrair e encarar com confiança tudo o que acontece ao redor. Procure entender o estado emocional de sua "criança interior". Talvez ela esteja magoada ou triste, ou também alegre, querendo brincar com você. Mostre que você está disposta a atender às necessidades dela.

Procure um lugar agradável e tranqüilo da casa, talvez com uma decoração especial. As flores e brinquedos são uma prova de que você dá valor a si mesma e à criança que vai nascer, e que você a espera com alegria. Sinta seu próprio corpo, talvez colocando as mãos na barriga ou dizendo à futura criança que você a ama e se alegra com sua vinda. Tente satisfazer todos os seus caprichos.

Coloque-se numa posição confortável, com as costas retas. Feche os olhos e respire fundo. Ao expirar o ar, imagine que todo o seu corpo está relaxado. Faça com que seu inconsciente se acalme e tente se recolher. Inspire e expire profundamente. Solte as amarras.

Agora, deixe que sua fantasia transporte você para um lugar agradável, que você enxerga com a "terceira visão". Entre nesse lugar especial e sinta a atmosfera benéfica. Não tenha pressa. Aproveite a sensação de estar ali e olhe ao redor. Logo você vai perceber uma criança pequena. Mostre a essa criança que você quer se comunicar com ela. Se ela for tímida e retraída, dê-lhe tempo para confiar em você. Então, pergunte se ela tem algo a dizer, se deseja alguma coisa ou se gostaria de brincar com você. Preste bem atenção ao que a criança disser, por meio de palavras ou de outra maneira, mostrando boa vontade.

Fique ao lado da criança até que termine esse ritual de dar e receber. Diga-lhe que adorou a experiência e que vai voltar para estar com ela.

Agora chegou o momento de deixar seu lugar preferido. Olhe mais uma vez ao redor e diga adeus à criança.

Volte à realidade, estire os membros e respire fundo. Abra os olhos. Agora, você tem uma sensação de vitalidade e equilíbrio.

Repita essa meditação sempre que desejar. Ela favorece sua alma e a alma da futura criança, que sente as vibrações harmoniosas despertadas durante a meditação.

Quando chegar o momento do parto, você pode trazer sua "criança interior" para o mundo exterior, juntamente com o bebê. Ao invés de deixar essa "criança interior" para trás, como costuma fazer, estenda-lhe a mão com carinho. Ela vai avisar quando estiver decidida a ficar com você, começando assim a preparação do nascimento. É um sentimento incrível penetrar na realidade "de mãos dadas", por assim dizer, durante a meditação.

GRAVIDEZ, PARTO E HOMEOPATIA

Mesmo na era da realidade virtual, dos vôos espaciais tripulados e da comunicação via Internet, a gravidez realiza o milagre do surgimento de uma vida nova. O poder dos remédios homeopáticos pode trazer alívio para a mãe e para a criança, no esforço conjunto de nascer.

Uma longa experiência médica comprova que as crianças cujas mães tiveram acompanhamento homeopático durante a gravidez têm mais tarde uma saúde quase perfeita.

Nossa intenção não é apresentar aqui um manual completo de homeopatia. No âmbito de uma abordagem baseada no amor e na compreensão diante de uma vida que vai nascer, queremos sugerir possibilidades de preparar a criança com métodos suaves para uma vida desconhecida e excitante, ajudando-a a encontrar seu lugar no mundo novo.

O "tratamento eugênico", que tem sido tão comentado, é aplicado do primeiro ao quinto mês de gravidez e consiste numa dose única mensal dos "nosodos dos grandes miasmas", que podem ser comparados a uma herança de determinadas doenças e servem para combater uma carga genética preexistente.

Doses dos medicamentos

Tuberkulinum D 200	uma dose no primeiro mês de gravidez
Medorrhinum D 200	uma dose no segundo mês de gravidez
Luesinum D 200	uma dose no terceiro mês de gravidez

Cancerinum D 200   uma dose no quarto mês de gravidez
Sulfur D 200   uma dose no quinto mês de gravidez

Do sexto ao oitavo mês de gravidez, esse tratamento continua com o uso de sais de cálcio, em variações diferentes conforme a constituição física da mãe.
Para mulheres mais encorpadas: uma dose de Calc. Carbonicum D 200.
Para mulheres magras: uma dose de Calc. Phosphoricum D 200.
Para mulheres de tipo musculoso e ascético: uma dose de Calc. Fluoratum D 200.

A homeopatia clássica encara o "tratamento eugênico" com certo ceticismo, não sem razão. As regras da homeopatia recomendam o uso de um remédio com base nos sintomas do paciente, pois a substância homeopática é capaz de produzir sintomas semelhantes aos da doença que está sendo tratada. Por isso, de acordo com essa concepção, a homeopatia não pode ser usada para prevenir sintomas que ainda não se manifestaram claramente.

Este livro trata da situação emocional e espiritual da criança e da mãe, e assim, por razões de espaço, os remédios de efeito puramente físico são colocados em segundo plano.

Muitas vezes a mãe sente medo do desconhecido ou de eventuais complicações, talvez até o medo de perder a criança gerada com tanto amor. Esse medo pode se agravar até chegar a um estado de depressão.

A homeopatia recomenda

Aconitum C 30   Quando a mulher sente medo da morte, tem a sensação de que vai morrer. Uma dose sempre que for necessário.

Arsenicum alb. C 30	Medo de morrer, grande inquietação, sensação de frieza. Uma dose sempre que for necessário.
Capsicum C 200	Medo com saudades de casa, a mulher quer voltar para a casa da mãe ou para o país natal (quando se encontra em país estrangeiro); apresenta muitas vezes um rubor nas faces. Uma dose sempre que for necessário.
Cimicifuga C 30	Medo e preocupação da mulher de que a gravidez seja interrompida e ela perca a criança. Inquietação. Uma dose sempre que for necessário.
Pulsatilla C 200	Medo da solidão, necessidade de consolo; a mulher chora baixinho por qualquer motivo, soluça, fica comovida. Uma dose sempre que for necessário.
Aurum C 200	Tristeza profunda e melancolia atormentam a gestante, podendo se transformar em pensamentos suicidas. Uma dose sempre que for necessário.
Sepia C 200	Indiferença e frieza diante dos parentes próximos, a mulher se sente esgotada e deseja ficar sozinha o tempo todo. Uma dose sempre que for necessário.
Platinum C 200	A gestante age como o centro das atenções, com forte excitação sexual que pode chegar a pensamentos ninfomaníacos. Ela sofre com sua deformação física e chora baixinho. Uma dose sempre que for necessário.

Preparação para o parto

Seis semanas antes da data prevista

Pulsatilla D 4 — Quando a musculatura da bacia é flácida; serve para prevenir o congestionamento das veias (pernas, rins), acalma temores eventuais e descontrai. (3 vezes ao dia)

Cantocaulophyllum D 4 — Quando a base da bacia é muito rígida ou contraída, quando o ritmo das dores de parto diminui (nesse caso, tomar de hora em hora), quando as dores acontecem a intervalos irregulares ou não provocam efeito e o orifício da matriz ainda não está aberto. (3 vezes ao dia)

Uma semana antes da data prevista

Arnica D 4 — Usar durante 14 dias inclusive no período do sobreparto. Previne complicações como dores, sangramentos, choques e inflamações, e favorece o restabelecimento do útero. (3 vezes ao dia)

Fase do nascimento

Gelsemium C 30 — Para as dores de parto iniciais; combate o tremor das gestantes e a excitação da alegria. (Uma dose sempre que for necessário.)

Cimicifuga D 4 — Quando a gravidez provoca fraqueza, principalmente em combinação com dores intermitentes no baixo-ventre e na região genital, às vezes acompanhadas de gritos histéricos e desmaios. (A cada 15 minutos sempre que for necessário.)

Chamomilla C 30	Dores fortes que a gestante não consegue suportar, semelhantes a cólicas, surgindo freqüentemente depois de reações de raiva e irritação. (Uma dose sempre que for necessário.)
Cuprum C 30	Tendência a ter cãibras, principalmente nas extremidades dos membros, inclusive convulsões e movimentos involuntários das mãos e dos pés. (Uma dose sempre que for necessário.)

No nível físico, assim como no nível emocional e espiritual, a melhor preparação para um parto sem complicações, no qual o recém-nascido vem ao mundo numa atmosfera de carinho e proteção, é o tratamento homeopático da gestante com uma potência alta (C 200, C 1000, C 10.000). Foi constatado empiricamente que as gestantes tratadas dessa maneira quase não tiveram complicações de parto, e as crianças raramente sofrem doenças infecciosas que exigem tratamento com antibióticos, com todas as conseqüências danosas para as bactérias intestinais e a mucosa do bebê. Até mesmo as alergias, cada vez mais freqüentes hoje em dia, são muito mais raras em crianças cujas mães foram tratadas pela homeopatia.

Nesse contexto, é importante chamar a atenção para as terapias aplicadas corretamente no caso de doenças infecciosas da criança, seguidas de febre. Parmênides, um dos grandes médicos da Antigüidade, já conhecia o poder terapêutico da febre: "Dêem-me uma substância que provoque a febre, e curarei qualquer doença".

Esse princípio não tem validade absoluta, mas mostra que a febre é um fator essencial de nossa defesa imunológica diante de elementos estranhos ao corpo, como bactérias e vírus. Pesquisas recentes comprovam que a elevação da temperatura do corpo em alguns décimos de graus centígrados provoca um aumento considerável da fagocitose e da produção de células imunizadas. Muitos vírus e bactérias também morrem sob temperaturas superiores a 38 graus.

Tendo isso em vista, não é aconselhável tratar com substâncias químicas, de maneira indiscriminada, qualquer sintoma de febre na criança. Até mesmo as "convulsões febris", muitas vezes utilizadas como argumento para um combate rápido da febre, são mais raras do que se imagina e não apresentam um perigo sério se forem tratadas corretamente.

No entanto, é preciso lembrar que os casos de febre inexplicável ou de longa duração devem ser sempre examinados por um médico.

FRASCOS AURA-SOMA
indicados para a concepção, a gravidez, o parto e para a criança recém-nascida

Se você decidiu ter um bebê, o conjunto Aura-Soma para crianças pode ser de grande utilidade. Os frascos de números 11 a 15 podem ser utilizados antes da concepção da seguinte maneira:

Cristalino sobre Rosa (B 11)	abdômen, região do coração e da garganta
Cristalino sobre Azul (B 12)	em toda a região da garganta
Cristalino sobre Verde (B 13)	em toda a região do coração
Cristalino sobre Ouro (B 14)	em toda a região do plexo solar
Cristalino sobre Violeta (B 15)	na região da testa, nas orelhas e na nuca

Durante a gravidez, continue a usar os óleos pelo tempo que desejar.

Além disso, você pode usar o óleo do frasco Azul sobre Azul (B 2) no corpo inteiro. Ele previne as estrias causadas pela gravidez e tem efeito restaurador.

Durante o parto, o óleo Laranja sobre Laranja (B 26) pode ser aplicado no corpo inteiro, trazendo grande alívio.

Dê o frasco à parteira ou a seu companheiro. Essa pessoa deve agitar o frasco com a mão direita, um pouco acima do seu corpo, enquanto a mão esquerda deve estar tocando você, por exemplo, num dos ombros.

Essa combinação de cores desfaz a tensão da musculatura e alivia o *stress* eventualmente provocado pelas dores de parto.

O frasco Cristalino sobre Violeta (B 15) facilita o parto, alivia as dores e favorece uma experiência consciente do nascimento.

Depois que seu filho vier ao mundo e estiver aninhado em seus braços, acaricie-lhe o peitinho com o óleo Cristalino sobre Rosa (B 11). Ele favorece a transição do bebê para o mundo material.

Depois do primeiro banho, aplique uma massagem com o óleo Azul sobre Rosa (B 20). Ele alivia o choque do nascimento.

Além disso, dê ao seu bebê o calor, a proximidade e o amor de que ele tanto precisa depois da separação física.

A MASSAGEM AURA-SOMA PARA CRIANÇAS

Quando você toca o bebê durante a massagem, tente transmitir-lhe um sentimento de proteção e mostrar que você está atenta e compreende suas necessidades. Não é preciso habilidade especial para aplicar uma massagem. Deixe-se levar pela intuição. As reações de seu bebê revelam quando ele está gostando ou quando alguma coisa o incomoda.

Comece a massagem pela cabecinha e termine-a nas pernas. Uma atmosfera agradável é importante, tanto para você quanto para a criança. Olhe-a nos olhos, sussurrando uma melodia ou falando com ela.

Massageie primeiramente a parte frontal do corpo e depois as costas.

Acaricie a pele do bebê com muito cuidado, pois nela residem milhões de células nervosas.

Não é de admirar que os recém-nascidos que tiveram massagens regulares desde o primeiro dia após o parto ganhem peso duas vezes mais depressa que os outros recém-nascidos. Além disso, são bebês mais ativos e inteligentes. Qualquer criança sente o benefício do toque carinhoso das mãos. Mais tarde, elas se mostram mais comunicativas, lidam melhor com situações de *stress* e são mais confiáveis. O desenvolvimento da criança é favorecido e deficiências eventuais, como as descritas neste livro, podem ser aliviadas.

Comece pela cabeça da criança, acariciando-a cuidadosamente com as duas palmas das mãos e descendo até o queixo, os músculos do pescoço e os antebraços. Então, leve suas mãos de volta ao rosto do bebê, passe as pontas dos dedos ao redor dos olhos e sobre as narinas, toque as bochechas, as orelhas e a boca. Segure uma das mãozinhas do bebê e massageie o braço com movimentos circulares até as axilas, voltando depois para a mão. Abra-a em forma de leque e massageie as palmas e os dedinhos.

Acaricie com um dos dedos de sua mão a região ao redor das costelas e continue em movimentos regulares, no sentido horário, até a região do umbigo. Isso pode ser especialmente útil quando seu bebê está sentindo cólicas.

Repita nas pernas o mesmo procedimento dos braços. Segure o pé com uma das mãos e massageie toda a perna com movimentos circulares, da coxa até os pezinhos. Repita esse procedimento duas vezes. Para terminar a massagem na parte frontal do corpo, passe a mão aberta sobre os ombros, o peito, os genitais e as pernas.

Vire a criança de barriga para baixo com cuidado, apoiando a cabeça, virando-a de lado e cobrindo a parte inferior do corpo. Comece pelos ombros, deslizando delicadamente as polpas dos dedos pelos músculos dos ombros e continuando em movimentos circulares na região das costas e na coluna vertebral. Abra a mão, estique bem os dedos e massageie o traseiro da criança. Quanto maior a região do corpo abrangida pela mão, maior é o efeito da massagem, principalmente se você fizer pequenos movimentos vibratórios. Continue nas pernas, seguindo o mesmo procedimento descrito acima. Termine a massagem pressionando as plantas dos pés com o polegar e o indicador em movimentos giratórios. Acaricie a planta do pé até os artelhos.

Por fim, é importante restabelecer a sensibilidade do corpo do bebê, percorrendo o corpo inteiro com as palmas das duas mãos, de cima para baixo, num movimento coordenado.

Cubra agora todo o corpinho, pegue a criança nos braços e segure-a por algum tempo. Diga palavras carinhosas em voz baixa antes de vesti-la.

Algumas recomendações adicionais para a massagem

- Massageie seu bebê somente quando você estiver relaxada e sentir motivação para isso.

- Aqueça as mãos antes da massagem. Caso necessário, aqueça também ligeiramente o óleo.

- Suas mãos devem estar lisas, com as unhas aparadas, para não irritar a pele do bebê.

- Proteja o local da massagem contra interferências. Para isso, use o Pomânder branco ou a essência magistral "Serapis Bey", para purificar as suas próprias energias e as do local.

- Cubra as regiões do corpo que você não está massageando com pequenas toalhas, para que a criança não sinta frio e não contraia os músculos.

- Massageie seu bebê somente enquanto ele estiver relaxado, apreciando a massagem. Preste atenção nas reações dele, indicando quando está satisfeito.

- Se em algum momento o bebê não aceitar absolutamente a massagem, não insista. Pode ser que ele prefira recebê-la mais tarde. Enquanto isso, faça gestos carinhosos e fique ao lado do bebê. Uma criança prematura ou deficiente deve receber formas específicas de massagem. Peça informações sobre isso à parteira ou ao pediatra.

- O melhor momento para massagear seu bebê é antes de adormecer. Se ele precisar de massagem em outro momento, é importante que não tenha acabado de comer. Mas tampouco deve estar com fome.

Como em todos os cuidados com o bebê, você deve prestar atenção às reações dele e tratá-lo com carinho. A massagem infantil é um componente importante da formação espiritual, pois estimula a energia positiva do bebê.

O óleo utilizado para a massagem pode ser aquele que você está usando regularmente ou outro óleo, conforme os sintomas que seu bebê apresentar naquele momento.

Basicamente, todos os óleos de tom pastel são apropriados, ou ainda os óleos do conjunto Aura-Soma para crianças.

- Frasco 11, Cristalino sobre Rosa
- Frasco 23, Rosado sobre Rosa
- Frasco 44, Lilás sobre Azul-claro
- Frasco 50, Azul-claro sobre Azul-claro
- Frasco 51, Amarelo-claro sobre Amarelo-claro
- Frasco 52, Rosa-claro sobre Rosa-claro
- Frasco 53, Verde-claro sobre Verde-claro
- Frasco 54, Cristalino sobre Cristalino
- Frasco 56, Violeta-claro sobre Violeta-claro
- Frasco 57, Rosa-claro sobre Rosa-claro
- Frasco 58, Azul-claro sobre Azul-claro
- Frasco 59, Amarelo-claro sobre Amarelo-claro
- Frasco 61, Rosa-claro sobre Amarelo-claro
- Frasco 62, Turquesa-claro sobre Turquesa-claro
- Frasco 66, Violeta-claro sobre Rosa-claro
- Frasco 71, Rosa sobre Cristalino
- Frasco 74, Amarelo-Claro sobre Verde-Claro
- Frasco 81, Rosa sobre Rosa

As vibrações dos óleos Aura-Soma atuam no corpo sutil da criança, e assim não podem ser comparadas aos óleos de massagem tradicionais. Descrições mais precisas sobre o uso e aplicação dos óleos podem ser encontradas nos livros mencionados na Bibliografia. Se você quiser ampliar seus conhecimentos sobre massagem infantil, procure cursos especializados em centros de saúde ou de terapias alternativas.

5. Uma educação carinhosa

ESCLARECENDO O PRÓPRIO PASSADO

De mansinho, ou talvez nem tanto, um novo ser veio ao mundo. Você o acolheu com muita alegria. Agora, você compreende que sua principal tarefa é alimentá-lo e cuidar dele, dar-lhe amor e carinho e suprir suas necessidades. Você começa a entender a individualidade desse pequeno ser, descobre seus hábitos e nem sempre se sente gratificada quando ele exprime seus desejos, muitas vezes perturbando a paz à qual você estava acostumada.

Você se conscientiza de suas próprias atitudes e dos padrões de comportamento que aprendeu no passado, os mesmos de seus pais ou avós. Você se lembra de experiências que nem sempre foram positivas e tenta não repetir os erros de seus pais.

Para isso, é indispensável esclarecer o passado e reavaliar suas concepções, identificar os princípios negativos que orientam sua vida e "reescrever" o passado. Muitos de nossos princípios e hábitos foram adquiridos na infância. Quando você era criança, viveu situações que lhe causaram muito medo e que você preferiu simplesmente esquecer ou recalcar. A nova tarefa de sua vida é fazer os medos voltarem à superfície. Com a ajuda de seu filho, você tem condições de entender esses problemas e resolvê-los.

Perdoe a si mesma pelo medo que está sentindo, e perdoe às pessoas que provocaram esse medo. Esclareça seu inconsciente, trate a si mesma com amor e carinho. Se você deixar o medo para trás, terá como recompensa uma nova criatividade e energia que vêm da superação dos bloqueios. Cada um dos princípios negativos que orientavam sua vida fornece a chave de uma verdade que você pode viver a partir de agora.

O tempo que você dedica à sua evolução pessoal é um tempo mágico. Exercícios de meditação como este que vamos descrever a seguir podem ajudar você nessa tarefa.

Meditação de esclarecimento

Procure um local tranqüilo da casa e instale-se numa posição confortável. Se sua criança ainda for pequena e estiver dormindo, pegue-a nos braços de mansinho. Sinta sua proximidade e o bater de seu coração, e ouça a respiração regular. Assim, você atinge um estado de relaxamento e tem mais disposição para compreender a si mesma, pois sente intensamente o amor que cresceu entre você e a criança.

Feche os olhos, inspire e expire fundo e espere até que as imagens comecem a surgir em sua mente. Volte à infância e tente se lembrar de como você se sentia quando estava perto de sua mãe. Quando seus sentimentos se acalmarem e seus pensamentos se esclarecerem, tente se lembrar de seu pai ou seus avós.

Se em algum momento surgirem sentimentos que a deixam inquieta, detenha-se um pouco e tente descobrir por que eles surgiram. Como a pessoa em questão se comportou naquela situação específica? Descreva a sensação que lhe ocorre com uma palavra, a descrição exata de seu estado de espírito. Imagine que as letras dessa palavra foram colocadas sob a luz do Sol e começam a derreter com o calor. O sentimento que se manifesta agora é mais harmonioso do que o anterior. Inspirada por esse sentimento, reveja a situação com sua "visão interior", mas imaginando um comportamento diferente das pessoas em questão, um comportamento que lhe faça bem.

Depois dessa visualização, você se sentirá melhor, aceitando a si mesma e transformando os sentimentos do passado em algo positivo. Exercícios semelhantes ou mais avançados podem ser encontrados em meu livro *Consciência luminosa e criatividade*.

Com certeza você se lembra de coisas que davam prazer a sua mãe, seu pai ou avós. Ofereça esses presentes a eles, ou mostre por meio de gestos que você se sente grata por suas atenções e cuidados, mesmo quando eles não entenderam ou não ajudaram você da melhor maneira.

Hoje, como pessoa adulta, você enxerga as coisas de outra perspectiva e é capaz de perdoar, valendo-se de exercícios como esse. Seus sentimentos se acalmam e você consegue superar as emoções negativas.

Quando uma situação parecida acontecer com seu filho, você terá uma reação mais apropriada, pois superou as mágoas que um determinado comportamento lhe causou em sua própria infância. Agora, você é capaz de entender o que se passa com a criança na mesma situação. O fortalecimento do amor-próprio e a aceitação de seus pais, que você praticou por meio desse exercício, ajudam-na a fazer a coisa certa.

Com uma sensação de alívio, inspire fundo e expire devagar. Ao inspirar, abra os olhos, estire os membros e aprecie essa nova sensação de liberdade e força.

Tenha paciência consigo mesma quando cometer algum erro na educação de seu filho. Ninguém vira um mestre da noite para o dia. A criança perdoa os erros dos pais quando sente que eles lhe dedicam amor e atenção. Admita seus erros sem constrangimento. Para a criança, é uma experiência valiosa perceber que seus pais não são perfeitos e ela mesma não precisa ser perfeita. Isso faz surgir uma atmosfera de confiança e solidariedade, que mantém a família unida mesmo nos momentos difíceis.

COMO TRANQÜILIZAR O FILHO

Tranqüilize o seu filho. Na agitação do dia-a-dia, a criança pode acabar se perdendo. Ela tem mais condições de encontrar equilíbrio se você regularmente praticar com ela exercícios de tranqüilização. Crianças tranqüilas, que conseguem ouvir os sons suaves da vida cotidiana, aproveitam melhor as vibrações sutis dos óleos Aura-Soma.

Para começar, um exercício que estimula a atenção

Estenda um cobertor no chão e coloque alguns objetos embaixo dele. A criança vai se divertir apalpando esses objetos com os olhos fechados. Quando adivinhar todos os objetos que se encontram ali, ela poderá entrar embaixo do cobertor para pegá-los. Talvez ela queira permanecer um pouco ali embaixo, brincando e rindo. Engatinhe até onde ela está, e então pegue a criança nos braços. Isso transmite segurança e carinho e é um bom exercício de relaxamento para a mãe também.

Outro exercício de relaxamento com a ajuda das cores

Se algum dia a criança voltar transtornada para casa, leve-a para o quarto dela, feche as cortinas e deite-se na cama junto com ela. Diga-lhe para respirar profundamente, ponha a mão esquerda sobre o peito da criança, na região do coração, e tente "transmitir-lhe" a cor azul. A melhor maneira de explicar isso à criança é dizer que a cor azul sai de sua mão e "escorre" para o coração dela. Para manter a criança concentrada no coração, diga para ela imaginar que os duendes sopram a cor azul, abrindo espaço para uma nova cor. Faça com que a respiração da criança se torne mais superficial e lenta. Quando você perceber que a criança se acalmou, a respiração se tornou regular e descontraída e talvez ela tenha caído no sono, deixe-a descansar um pouco.

Depois de algum tempo, conforme as necessidades da criança, desperte-a suavemente e faça com que ela respire fundo, estire os membros e se levante. Se ela tiver perdido um pouco da energia necessária para o resto do dia, faça com ela um pequeno exercício de imaginação.

Coloque a criança de pé, com as pernas bem apoiadas no chão e os olhos fechados. Diga-lhe que os pés dela estão criando raízes. As raízes penetram na terra e absorvem a cor vermelha, que começa a invadir o seu corpo até enchê-lo totalmente. Então, a criança deve respirar fundo e abrir os olhos de novo.

Faça você mesma esse exercício junto com a criança, pois assim surge mais empatia entre vocês e mais condições de sentir os efeitos benéficos. Esse exercício de energia só deve ser praticado durante o dia. À noite, pode atrapalhar o sono.

Outros exercícios úteis, inclusive para crianças maiores, podem ser encontrados em meu livro *Consciência luminosa e criatividade*.

Um ritual a ser praticado de manhã e à noite, que transmite confiança e segurança

De manhã, acorde a criança e fique ao lado dela até ela despertar completamente. Peça-lhe para estirar os membros e respirar fundo. Mantenha o ritmo da respiração e, cada vez que a criança inspirar, diga uma frase que ela deve repetir, por exemplo: "Hoje é um lindo dia e tudo vai dar certo. Eu me sinto segura e protegida".

Enquanto repete a frase, a criança deve soltar a respiração. A frase pode ser repetida mais algumas vezes. Se você perceber que a criança tem algum problema específico que pode estar lhe causando preocupação no início do dia, modifique a frase de acordo com a situação. Além disso, é importante dedicar seu tempo para ouvir a criança, quando ela vem até você para lhe contar alguma coisa.

À noite, diga frases positivas em voz baixa

Provavelmente você tem o hábito de ler histórias para a criança dormir. Tente apresentar histórias que tenham um aspecto positivo, sobretudo no momento em que a criança está adormecendo, para garantir-lhe um sono tranqüilo.

Também pode ser muito eficaz murmurar pensamentos positivos enquanto a criança adormece ou depois que adormeceu, por exemplo: "Amanhã vai dar tudo certo na escola".

Nesse momento, a criança se encontra extremamente receptiva, num estado de relaxamento parecido com a meditação. Repetir esses pensamentos positivos todas as noites faz com que eles se fixem no inconsciente da criança, fortalecendo o otimismo dela. Assim, ela adquire mais confiança em suas capacidades.

Inspirar confiança é o aspecto mais importante de todos os exercícios que você praticar. Sentindo-se protegida, ela tem mais condições de enfrentar as dificuldades do dia-a-dia.

Pegue a criança nos braços, mesmo quando ela fizer alguma coisa errada. Converse com ela sobre o erro que cometeu, mas nunca se afaste sem um gesto de perdão. A aceitação é um sentimento muito importante para a criança. Com isso, você abre as portas para o coração dela. Ela passa a se alegrar em todas as situações que vocês experimentam juntas. Nunca se esqueça de que uma criança capaz de se alegrar é uma criança feliz.

6. Os oito frascos do conjunto Aura-Soma para crianças

O QUE É A AURA-SOMA E COMO ELA FUNCIONA?

A Aura-Soma é uma emulsão preparada à base de 50% de água e 50% de óleo, que penetra facilmente na pele e com isso produz resultados bastante eficazes.

Quando a emulsão é aplicada na pele, pode provocar uma reação no nível espiritual, mental, emocional ou físico, por exemplo, fazendo com que sentimentos recalcados venham à tona. Isso pode acontecer no nível consciente ou inconsciente, ou ainda em sonhos. Talvez ocorram também reações físicas.

Assim como na homeopatia, podem ocorrer "crises terapêuticas", um sinal claro de que as características do frasco correspondem a um problema concreto na vida da criança. Mas as coincidências com a homeopatia não terminam aí, pois é possível receitar remédios homeopáticos que têm efeito semelhante ou complementam os óleos Aura-Soma.

Os frascos contêm uma emulsão à base de água e óleo, fabricada pela dissolução de essências e corantes num óleo vegetal neutro.

As empresas de fabricação, que ainda são as mesmas desde a morte de Vicky Wall, trabalham com grande cuidado e em harmonia com os ritmos da natureza.

Os extratos vegetais se encontram dissolvidos na base aquosa, na metade inferior do frasco. Trata-se de 49 ervas diferentes, ou sete vezes sete, um número importante na cabala. Essas ervas têm efeito poderoso, pois foram escolhidas segundo a "teoria das assinaturas". A "teoria das assinaturas" de Paracelso afirma que tudo na natureza tem uma "característica" adequada, ou seja, o aspecto exterior das plantas dá uma idéia de suas propriedades terapêuticas. Pelo mesmo princípio, determinadas plantas são associadas aos órgãos do corpo.

Os frascos de Equilíbrio também contêm a energia terapêutica dos minerais. Essa energia é introduzida nos frascos por meio de "invocações" cabalísticas. Trata-se de um método esotérico de transmissão da energia que se baseia em palavras, a chamada invocação. A técnica da "fotografia Kirlian" permite comprovar a alteração energética depois da invocação.

Outro elemento importante são as cores, que estão subordinadas aos chakras. As cores, também utilizadas com efeitos terapêuticos na cromoterapia, exercem antes de tudo um efeito visual, mas por outro lado têm vibrações específicas que influem positivamente no corpo e na alma. O brilho das cores é obtido por meio de corantes naturais de alta qualidade.

Agitar o conteúdo do frasco "potencializa" seu efeito, como na homeopatia. Os ingredientes são misturados e "ativados".

O efeito dos óleos de Equilíbrio pode ser descrito da seguinte maneira: quando uma pessoa está doente, suas energias não conseguem fluir livremente, pois alguma coisa as está bloqueando. Esse bloqueio pode ser desfeito com o uso das essências. Depois de agitar o frasco, a pessoa aplica a essência sobre a pele. Através do sistema linfático, as substâncias penetram na circulação sangüínea e chegam aos órgãos correspondentes. Ali, elas exercem seu efeito curativo em todos os níveis.

POSSIBILIDADES DE APLICAÇÃO

Para começar, é preciso frisar que os frascos de Equilíbrio, antigamente chamados de frascos Balance, só podem ser manuseados pela própria pessoa — com exceção do "Frasco do Filho das Estrelas". Quando a pessoa adquire o frasco, os consultores da Aura-Soma lhe pedem que retire o frasco da prateleira, segurando-o pela tampa com a mão esquerda, ou oferecem-lhe o frasco segurando-o da mesma maneira. Caso contrário, a essência poderia receber vibrações diferentes e teria de ser "purificada" antes do uso.

Caso seu filho ainda não tenha idade suficiente para agitar e aplicar o óleo de Equilíbrio, você deve realizar essa tarefa. Segure o frasco com a mão direita, toque o corpo da criança com a mão esquerda (por exemplo, num dos ombros) e agite o frasco. Dessa forma, você estabelece contato mental com a criança, recolhendo-se interiormente e agindo como intermediária. Termine de agitar o frasco e aplique o óleo, sem perigo de que sua energia possa fluir para dentro do frasco.

No entanto, caso o frasco tenha perdido a pureza por acidente, pode ser "purificado" se for colocado por 24 horas numa base ou drusa de ametistas, ou mergulhado em sal grosso até a altura da tampa.

Os frascos Aura-Soma para crianças

FRASCO 11
CRISTALINO SOBRE ROSA
"PRIMEIRO FRASCO DE ESSEN"

Nível mental

Este é um frasco para recém-nascidos, especialmente indicado para aliviar o trauma da separação do corpo da mãe. É uma ajuda para que o bebê entre no mundo material, encontrando um lugar nele e crescendo com confiança e amor. Antes do parto, o uso do óleo estimula o contato com o mundo exterior e fortalece a criança recém-nascida para sua vinda ao mundo.

A metade Rosa da essência representa o amor de que a criança precisa para encarar a vida e as pessoas ao redor com amor incondicional.

O Cristalino do frasco representa a luz que a criança avista pela primeira vez no momento do parto. Ele também restabelece a ligação com os anjos, os seres luminosos que oferecem proteção ao corpo e à alma.

Transportado em pequenos frascos, esse óleo serve para estabelecer contato com o amor universal nos momentos em que ele foi interrompido por algum motivo.

Nível físico

Tem efeito purificador e desintoxicante. Ilumina todas as partes do corpo. Indicado para dores de ouvido. Massagear o corpo inteiro com o óleo para proteger o corpo com energia amorosa.

Aplicação

Na região dos quadris, do abdômen e do tórax, ou usado para massagear o corpo inteiro.

Faixa etária

Do nascimento ao final do nono mês, mas pode ser usado depois desse período no tratamento de traumas infantis, ou enquanto a criança continua se sentindo atraída pela cor.

Pedras preciosas e essências minerais

Quartzo rosa, essência de quartzo rosa.

FRASCO 12
CRISTALINO SOBRE AZUL
"PAZ NA NOVA ERA"

Nível mental

Este frasco ajuda a criança a defender seus pontos de vista e a encontrar um equilíbrio saudável entre a afirmação do "eu" e a abnegação. Tem efeitos muito positivos na fase em que a criança tenta emitir sons para exprimir suas necessidades e pedir amor. Estimula a criança a confiar nos pais e a se abrir, fortalecendo também a auto-estima e a confiança em si mesma.

Se você observar no comportamento da criança alguns hábitos já enraizados ou perceber que ela reage com desconforto diante de influências externas, esta essência ajuda a superar esse comportamento. A criança fica mais solta e descontraída, pois já não precisa de um mecanismo que resultou do medo.

Este frasco de Equilíbrio favorece a segurança íntima de que a criança precisa para se mostrar ao mundo pacificamente, adaptando-se às mudanças.

Nível físico

Ajuda quando a criança está aprendendo a falar e combate eventuais bloqueios da fala. O óleo também pode ser usado contra dores de garganta. Alivia câimbras, luxações e dores na nuca. Atenua queimaduras de sol e comichões.

Aplicação

Em toda a região da garganta. Em outras regiões doloridas do corpo. Tem efeito calmante quando é esfregado na planta dos pés.

Faixa etária

Até o fim da amamentação.

Pedras preciosas e essências minerais

Água-marinha, essência de água-marinha.

FRASCO 13
CRISTALINO SOBRE VERDE
"MUDANÇAS NA NOVA ERA"

Nível mental

Quando entra na "fase da teimosia", a criança se revolta contra as imposições externas. Este frasco de Equilíbrio ajuda a fortalecer a sensação de liberdade, pois a essência estimula a criança a delimitar seu espaço vital. Ela favorece a sensação de segurança para que a criança se comporte e se exprima de maneira livre, espontânea e natural. Também ajuda a mostrar e experimentar sua independência, fortalecendo a auto-estima.

A metade Verde do frasco desperta a consciência da criança para que ela se abra às coisas novas e desconhecidas, mas também inspira amor à natureza. Assim, a criança tem mais condições de entender as leis da natureza e da vida, e de confiar nas mudanças.

O que a criança experimenta é a liberdade do coração, e essa liberdade lhe permite ser mais independente em seus relacionamentos para que eles se tornem mais alegres e espontâneos. A disposição para a entrega e o sacrifício também é fortalecida, de modo que a criança tem condições de dar e de receber amor. Essa é a condição básica para uma vida plena.

Nível físico

Alivia bronquite, asma e eczemas. Pode ajudar no tratamento de úlceras ou tumores.

Aplicação

Em toda a região do coração e dos pulmões. Nos locais específicos afetados por tumores.

Faixa etária

Até o final da "fase da teimosia", e depois desse período se a criança continuar se sentindo atraída pela cor.

Pedras preciosas e essências minerais

Esmeralda, essência de esmeralda.

FRASCO 14
CRISTALINO SOBRE OURO
"SABEDORIA DA NOVA ERA"

Nível mental

Cristalino sobre Ouro ajuda a criança a distinguir entre sua própria sabedoria ou verdade e aquilo que as outras pessoas lhe ensinam. Favorece o equilíbrio interior para que a criança aceite o apoio ou autoridade dos pais e das demais pessoas.

Esta essência também é eficaz para a criança em fase pré-escolar.

Além disso, proporciona equilíbrio para que ela desenvolva suas energias de maneira harmoniosa.

O Ouro fortalece a alegria de viver, a fé e a esperança, e também dá coragem para que a criança se sinta mais segura no mundo exterior. Inspira auto-afirmação e vontade, juntamente com tolerância e espírito humanitário. A força que se manifesta é energia pura, incentivando a criança a enfrentar a vida de peito aberto. A essência também ajuda a entender a vida como um processo de eterna mudança e aprendizado.

Nível físico

Diabetes. Ajuda a equilibrar o plexo solar. Nevralgias. Contra dores de estômago ou intestino, icterícia, enjôo e náusea.

Aplicação

Em toda a região do plexo solar, ou nas regiões doloridas do corpo.

Faixa etária

Até a idade escolar, ou enquanto a criança se sentir atraída pela cor.

Pedras preciosas e essências minerais

Citrina ou essência de citrina.

FRASCO 15
CRISTALINO SOBRE VIOLETA
"CURA NA NOVA ERA"

Nível mental

Este frasco de Equilíbrio ajuda a criança a superar a desconfiança e a se abrir para os conselhos dos pais e outras pessoas que representam a autoridade.

A criança compreende suas opções diante de cada situação e consegue avaliar por si mesma os prós e contras para tomar uma decisão. O Violeta lhe oferece assim a possibilidade de escolher o caminho certo na vida, independentemente da opinião dos outros.

Além disso, a criança se dá conta de que existe uma dimensão espiritual para além do mundo material. Essa percepção favorece a segurança interior e corrige a tendência de encarar a vida de maneira negativa. Dessa forma, uma sensação de paz profunda pode se manifestar.

O frasco de Equilíbrio número 15 também ajuda a criança a expressar seu amor sem se sentir presa a determinadas condições.

Nível físico

Combate hiperatividade e dores de cabeça. É útil contra epilepsia e distúrbios da fala, como a gagueira. Ajuda a eliminar o catarro quando a criança está resfriada.

Aplicação

Em toda a região do couro cabeludo, nas têmporas e na testa. Nas plantas dos pés e na região do nariz e da laringe.

Faixa etária

Dos sete anos até a chegada da puberdade.

Pedras preciosas e essências minerais

Ametista, diamante e essência de diamante.

FRASCO 20
AZUL SOBRE ROSA
"O FILHO DAS ESTRELAS"

Nível mental

O Frasco 20 é um dos mais importantes do conjunto para crianças. Também pode ser usado por adultos. Este frasco representa todo o amor de uma criança. Ele estabelece uma ligação com o nível espiritual e pode ser eficaz quando surge um sentimento de "separação" causado pela carência de amor.

O conteúdo deste frasco dá amparo emocional principalmente quando a criança está diante de situações difíceis. A segurança emocional e a capacidade de se impor diante das outras pessoas se fortalecem, e assim a criança tem mais condições de fazer exigências em função de suas necessidades. Instintivamente, ela passa a entender o que lhe faz bem e em que situações deve se retrair.

Esta essência oferece à criança uma possibilidade de integrar as vivências em seu mundo interior — e isso de maneira pacífica, com um sentimento de amor e aceitação de si mesma. A criança abre espaço para suas vivências e vai em busca do que a satisfaz. Com isso, tem boas chances de encontrar a si mesma e de crescer. A "estrela interior" da criança se ilumina e seu brilho se expande.

Nível físico

Para uso imediato em situações de crise e todo tipo de ferimentos. O uso regular é indicado para a proteção e purificação da aura. Alivia gases intestinais e problemas com a dentição. Também é eficaz contra escoriações e queimaduras. Ajuda a baixar a febre.

Aplicação

No corpo inteiro, ou nas regiões doloridas.

Faixa etária

Do nascimento até a puberdade, ou depois dessa fase, se necessário. Sempre em situações de crise.

Pedras preciosas e essências minerais

Turmalina rosa, essência de turmalina rosa.

FRASCO 77
CRISTALINO SOBRE MAGENTA
"O CÁLICE"

Nível mental

Esta essência ajuda a criança a enfrentar situações novas, fortalecendo a fé na vida com todas as suas mudanças. Assim, a criança tem condições de crescer, sente-se mais segura e segue o curso da vida com mais confiança. Ela passa a entender que a inconstância é o único fator constante da vida.

O uso deste frasco de Equilíbrio também contribui para que a criança aceite seus próprios defeitos, livrando-se da obrigação de justificar cada um de seus erros e aprendendo a lidar com eles com senso de humor. Além disso, o frasco alivia a sensação de não ser levado em conta, criando uma orientação positiva em relação à capacidade de percepção e favorecendo a auto-estima.

O Magenta é uma cor propícia para a oração e a comunicação com dimensões mais altas. A criança recebe respostas claras para suas perguntas, e com isso sente-se mais amada e protegida. Ela também passa a dedicar mais atenção aos pequenos detalhes do dia-a-dia. Os sentidos de modo geral, inclusive o sexto sentido, se tornam mais despertos.

O Frasco 77 ajuda a criança a colocar os interesses pessoais em segundo plano. O interesse da maioria passa a ser mais importante, facilitando a integração num grupo, principalmente em idade escolar. A criança tem condições de agir sem egoísmo e sem manipular as outras pessoas para conquistar amigos.

Nível físico

Alivia prisões de ventre. Combate o mau hálito. É útil contra distúrbios hormonais ou enjôos.

Aplicação

No corpo inteiro, ou nas regiões afetadas.

Faixa etária

Durante a escola primária ou mais tarde, se a criança desejar ou se surgirem os sintomas mencionados acima.

Pedras preciosas e essências minerais

Rubi, diamante e essência de diamante.

FRASCO 86
CRISTALINO SOBRE TURQUESA
"OBERON"

Nível mental

Este frasco de Equilíbrio estimula a criatividade da criança, assim como a expressão artística em todos os níveis, por exemplo a fala ou a escrita. Ele ajuda a criança a lidar com sentimentos profundos e a chorar suas lágrimas quando o mundo exterior mostra sua força, causando-lhe medo e sofrimento.

No ventre materno, a criança está sempre em contato com os sentimentos da mãe, e assim aprende a aceitá-los como se fossem seus próprios sentimentos. Isso gera padrões de comportamento muito precoces que a essência ajuda a dissolver, inspirando uma sensação de liberdade e independência, de segurança e proteção.

A essência estimula a criança a entrar em contato com outras pessoas, sem se fechar em si mesma, fazendo amizades e tirando delas o melhor proveito possível. A autoridade natural é reforçada, e a criança tem mais facilidade para aceitar suas obrigações e oferecer apoio e carinho às pessoas em situação difícil.

A capacidade de se exprimir também é fortalecida, e a criança tem mais condições de encontrar seu caminho na vida de maneira intuitiva.

Nível físico

Alivia o *stress* que pode afetar o coração ou provocar problemas de pele. Contra queimaduras de sol, problemas circulatórios, rinite alérgica, inchaço e dor nos ombros, principalmente do lado direito. Contra tensão muscular em geral.

Aplicação

Na região do couro cabeludo e no peito. Nas duas plantas dos pés. Nas regiões doloridas.

Faixa etária

Transição para o ginásio (a partir do quinto ano escolar) ou mais tarde, se necessário.

Pedras preciosas e essências minerais

Cristal de rocha e essência de cristal de rocha.

7. Histórias sobre o bem-estar proporcionado pela Aura-Soma

Com certeza você ainda se lembra do tempo em que seu pai ou sua mãe liam histórias em voz alta antes de você dormir. Esse ritual o ajudava a pegar no sono e lhe transmitia uma sensação de segurança, pois você podia contar com o mesmo ritual no dia seguinte.

Hoje, você pode oferecer a seu filho a mesma sensação de proteção e segurança, lendo em voz alta uma das histórias apresentadas a seguir. Esse ritual pode ser especialmente benéfico se antes da leitura você aplicar uma massagem na criança com o frasco de Equilíbrio correspondente.

O BALÃO COR-DE-ROSA

Nome do frasco: "Primeiro Frasco de Essen"
Número 11 • Cristalino sobre Rosa
Favorece o amor incondicional e a auto-estima

Todos os anos, na época da primavera, os mercadores visitavam a cidade onde vivia uma bela garotinha.

Como sempre, ela esperava com impaciência pela chegada das carroças, das quais descia uma infinidade de gente. As pessoas montavam barracas e ofereciam suas mercadorias, atraindo sobretudo o fascínio das crianças.

A menina ficava admirando as barracas com um pouco de tristeza, pois não tinha dinheiro para satisfazer seus desejos. Ela gostava de olhar os brinquedos e bichos de pelúcia, e sempre apalpava com o máximo cuidado um enorme balão cor-de-rosa.

Como seria bom levar aquele balão para casa, amarrando-o no teto do quarto, por cima da cama! O balão tinha o desenho de um rosto que ria de uma orelha a outra. Por isso parecia tão alegre e deixava a menina tão contente.

Todos os dias, ela caminhava até a barraca onde estava o balão cor-de-rosa e ficava ali muito tempo, perdida em contemplação. Aos poucos, ela chamou a atenção de um menino. Esse menino começou então a imaginar um jeito de fazer a menina feliz. A avó dele lhe tinha dado dinheiro suficiente para comprar algodão-doce, e ele já se deliciava pensando naquela espuma doce que desmanchava na boca. O dinheiro só dava mesmo para o algodão-doce, mas se pudesse o menino compraria o balão que a menina tanto desejava.

Ele se pôs a andar a esmo, fazendo contas e quebrando a cabeça para encontrar um jeito de conciliar as duas coisas. Mas não chegou a uma conclusão e se sentiu desanimado. Como podia se deliciar com o algodão-doce, sabendo que a garotinha continuava triste? Depois de refletir muito, ele decidiu que o algodão-doce não lhe daria o menor prazer, e assim se pôs a caminho para comprar o balão cor-de-rosa. Ele tinha que se apressar, pois aquele era o último dia de feira e o balão era o último que restava na barraca, amarrado a um barbante e sorrindo com impaciência.

Ele marchou a passos largos até o dono da barraca, estendeu uma moeda cheio de orgulho e apontou para o balão. Mas quando olhou para o lado, a menina tinha desaparecido. Aonde podia ter ido?

Ele saiu à sua procura, mas não sabia que direção tomar. Finalmente, chegou a um prado verde. Ali estava sentada a menina, com a cabecinha apoiada nos braços e um ar infeliz. O menino tocou-a nos ombros com muito cuidado. Ela levantou a cabeça e arregalou os olhos para ele, espantada. Então, o menino lhe deu o presente, e a menina pegou o balão cor-de-rosa nas mãos, encostou a face naquele rosto risonho e começou a dançar, louca de alegria, no prado verde e coberto de flores.

O cair da tarde já estava próximo, mas as flores se ergueram nas hastes e olharam para a menina. Fazia muito tempo que não viam uma criança tão alegre e satisfeita.

O menino continuou ali, sentindo o amor que o invadia. Essa sensação era mais bonita, mais suave e gostosa que qualquer algodão-doce deste mundo.

O amor é um sentimento maravilhoso. Ele é grande e cor-de-rosa, é algo muito bonito. E principalmente, o amor continua no coração das pessoas pelo resto da vida.

O SOM CRISTALINO

Nome do frasco: "Paz na Nova Era"
Número 12 • Cristalino sobre Azul
Favorece o contato com a voz interior.
Indicado para dificuldades de expressão.
Alivia problemas emocionais profundos.

É na época do Natal que os anjos estão mais próximos dos seres humanos. Mas isso não significa que eles não estejam por perto nos outros dias do ano. A diferença é que eles nos observam então de uma distância respeitosa, prontos a estender a mão quando nos sentimos desanimados ou temos dificuldade para encontrar o caminho certo.

Porém, antes de praticar ações caridosas, os anjos passam por um teste. O teste não é nada fácil e assusta muitos anjos. Foi o que aconteceu com aquele anjinho tocador de harpa, pois ele nunca conseguia tocar as notas mais graves do instrumento. Por mais que tentasse, o som se estendia, ficava rouco e estridente como a voz de uma pessoa gripada.

O treinamento do anjinho já chegava ao fim, e ele tinha aprendido tudo com facilidade. Principalmente no item "proteção pessoal", ele era um dos mais rápidos da classe. Conseguia alcançar as pessoas com muita agilidade para livrá-las do perigo. Mas era justamente o item "música angelical" que lhe causava dificuldades, pois o

Natal estava próximo e o anjinho tinha de aprender urgentemente a tocar o instrumento.

O que aconteceria quando chegasse o Natal e todos os anjos voassem para a Terra, juntando-se às pessoas que tinham a obrigação de proteger? O anjinho sentia muito medo, pois uma menina esperava por ele. Ela esperava com impaciência, pois a mãe já tinha lhe contado sobre a vinda do anjo. A mãe sempre tentava consolar a menina, que era surda de nascença.

Assim, o anjinho tinha uma missão muito especial naquele Natal. Ele se sentia preocupadíssimo e vivia puxando os cabelos, de modo que sua auréola sempre escorregava para o lado.

O tempo passava. O anjinho não podia deter o tempo, pois com isso todo o calendário ficaria prejudicado. O que as pessoas diriam se o Natal acontecesse na Páscoa? Elas já viviam bastante atrapalhadas com suas obrigações e o corre-corre da vida cotidiana.

Por fim chegou o Natal, o tempo dos anjos e das orações em voz baixa, que a menina costumava sussurrar no escuro. O anjinho sentiu um impulso irresistível de voar para perto da menina, esperando trazer um pouco de alegria à sua vida. Levou a harpa consigo, mesmo não sabendo tocar o instrumento sem afinar as cordas mais graves.

Atravessando o azul do céu e passando pelo número infinito de estrelas que tinham se reunido num arco grande e solene ao redor da estrela de Belém, o anjinho voou em direção à Terra e entrou no quarto da menina sem fazer ruído. Colocou a harpa de lado e começou a andar de um lado para o outro, em passinhos curtos. Estava nervoso, pois aquela era sua estréia no mundo dos seres humanos.

Então, o anjinho reuniu todas as forças que o amor é capaz de inspirar, pois tinha aprendido que o amor torna possíveis as coisas mais difíceis. A harpa começou a soar na noite com suavidade e ternura, e aos poucos ele tentou tocar as cordas mais graves.

Mas antes que pudesse afiná-las, a menina ergueu a cabeça e olhou na direção do anjo. Ela tinha ouvido um som cristalino e o coração dela vibrava de alegria, pois nunca antes escutara nada parecido. O que ela ouvia era a música suave do céu, que tem um encanto especial.

Uma lágrima escorreu pelo rosto da menina, e ela começou a prestar atenção na melodia do anjo. O céu se abriu, e a menina deixou de ser prisioneira de um mundo silencioso. Ela ouvia melodias e também a voz de seu próprio coração, que conversava com ela.

A menina viveu uma experiência que muitos de nós já conhecemos. Quando um anjo toca o coração de alguém, abre-se um mundo cheio de vozes e sons. Essas vozes contam lindas histórias de fadas e cantam as melodias mais belas. Tudo o que a pessoa tem de fazer é prestar atenção à sua própria voz interior. Então, o mundo ao redor desperta. A paz reina na Terra e entra no coração de cada um.

UMA VIDA NOVA

Nome do frasco: "Mudanças na Nova Era"
Número 13 • Cristalino sobre Verde
Alivia o medo diante de mudanças e decisões. Favorece o amor pela natureza e pela vida. Inspira segurança e fé nas possibilidades infinitas da existência.

Há muito, muito tempo, os seres humanos ainda não existiam na face da Terra. Só havia florestas, prados e flores. Tudo exibia um verde magnífico e as flores desabrochavam nas cores mais bonitas. No céu, cada noite era seguida por um novo dia, como acontece até hoje.

O Sol brilhava a cada amanhecer, olhando com amor em direção à Terra, que resplendia em verde magnífico. A tarefa do Sol era alimentar todas as formas de vida na Terra. A Lua e as estrelas eram parceiros valiosos nessa tarefa, pois davam à natureza uma chance de descansar. Principalmente as flores precisavam de mais energia durante o dia para espalhar seu perfume delicioso. Por isso, a pausa noturna era muito importante para que elas acordassem de manhã sempre frescas e bem-dispostas.

Além disso, a chuva também era necessária, pois as plantas precisavam matar a sede. E assim elas viviam em paz, em comunhão e harmonia umas com as outras.

Depois que caíam as gotas de chuva, as flores se esticavam em direção ao Sol e erguiam suas pétalas como se quisessem abraçá-lo.

Por isso, um dia a chuva ficou furiosa. Aquelas criaturinhas sentiam mais prazer em ficar expostas ao Sol do que em tomar banho de chuva. Pelo menos era o que parecia, e assim a chuva decidiu provocar uma grande tempestade. Pediu ao vento que reunisse todas as nuvens e criou uma trovoada que nunca se tinha visto na Terra.

Choveu por muitos dias, até que a água não tinha mais para onde escorrer. O Sol tentou inutilmente atravessar as nuvens, para secar o chão. Finalmente, todas as plantas morreram, e a Terra se tornou um planeta coberto de água.

Tudo isso acabou chamando a atenção de Deus. Normalmente Ele não se ocupava muito com nosso planeta, pois os seres humanos ainda não tinham surgido para criar confusão. Mas agora Ele tinha de tomar uma providência, pois assim não podia continuar. Com sua voz de trovão, Ele ordenou à chuva que parasse de reunir as nuvens e deixasse penetrar o Sol.

Foi o que aconteceu, pois a chuva foi obrigada a admitir que tinha causado uma grande calamidade com sua inveja. Ela fez com que as nuvens se acalmassem. Logo o Sol começou a brilhar, mandando seus raios para a Terra. O Sol tinha muito o que fazer para pôr as coisas em ordem. Ele juntou a água em rios, lagos e mares. Os continentes foram secando cada vez mais e — que maravilha! — as plantas voltaram a brotar e a crescer, formando um magnífico jardim.

Deus Pai se alegrou com tudo isso e decidiu criar novas formas de vida. Assim, o mundo se encheu de animais. De repente, depois de um longo período de morte, uma vida variada e barulhenta tomava conta do planeta. Até o vento murmurava nos galhos das árvores, tocando sua melodia.

Com isso, Deus criou o Paraíso e preparou o mundo para a chegada dos homens, criando uma vida nova e maravilhosa. E nós, seres humanos, sabemos desde aquele dia que a chuva é tão importante quanto o Sol, porque depois de cada chuva as plantas renascem, e depois de cada morte a vida volta a existir.

O PEQUENO RAIO DE SOL

Nome do frasco: "Sabedoria da Nova Era"
Número 14 • Cristalino sobre Ouro
Inspira coragem e alegria de viver. Alivia o medo e
fortalece a confiança em si mesmo.

Era uma vez um raio dourado e brilhante, que um dia decidiu deixar o arco-íris e visitar a Terra. O raio queria trazer o Sol para dentro do coração das pessoas. Fazia muito tempo que tinha aquele desejo, e quase se desmanchava de tanta impaciência. Por isso, um dia reuniu toda a coragem de que era capaz e deslizou em direção à Terra.

Antes de tudo, ele tentou descobrir que pessoas precisavam mais dele. Tentou colocar um pouco de ordem na confusão que encontrou. Percorreu vários lugares e olhou as pessoas no rosto, mas não conseguiu enxergar o coração delas. Só havia escuridão lá dentro, e o pequeno raio ficou muito triste. Afinal, ele tinha deixado o azul do céu para descer à Terra, afastando-se dos outros raios de Sol e da umidade deliciosa da chuva, que volta e meia era necessária para que o pequeno raio continuasse brilhando no arco-íris.

De repente, ele entendeu que as nuvens escuras que trazem a chuva são tão importantes quanto o céu sem nuvens, deixando o Sol brilhar. Da mesma forma, no coração das pessoas era preciso haver tristeza para que elas sentissem gratidão nos momentos de alegria.

Mas o pequeno raio realmente estranhou aquela falta de alegria, e começou a dar pulinhos de um lado para o outro a fim de chamar a atenção. Porém, ele sempre tropeçava no meio da multidão, ficava completamente tonto e ainda por cima coberto de poeira. Era realmente o fim da picada, pois daquele jeito, sem o brilho dourado que chamava a atenção das outras pessoas, ele nunca seria capaz de trazer alegria.

O pequeno raio tentou de tudo. Puxava o nariz das pessoas, cutucava suas costas e tentou até fazer cócegas para vê-las sorrir. Mas nada disso adiantava, e ele chegou à conclusão de que só o seu brilho podia iluminar o rosto das pessoas.

De repente, um menino esfregou o nariz e sorriu. O pequeno raio tentou mais uma vez, e percebeu de novo que o menino parecia um pouco mais feliz. Mas aquilo ainda não era suficiente, pois o raio estava empoeirado demais, tinha perdido o brilho e não conseguia provocar uma risada gostosa no rosto do menino.

O pequeno raio pousou com muito cuidado e muita tristeza na testa do menino e chorou lágrimas grandes e douradas. Achava que sua vinda à Terra tinha sido completamente inútil.

As lágrimas escorreram até os olhos do menino, que olhou em direção ao Sol e viu o arco-íris mais lindo do mundo. Os raios do Sol se refletiram nas lágrimas do pequeno raio, e o menino esfregou os olhos, sentindo-se feliz e tranqüilo.

Então, ele descobriu o pequeno raio. Pegou-o com todo o cuidado nas mãos e abraçou-o de encontro ao coração. Aquele foi o momento mais feliz na vida do pequeno raio — estava tão perto do coração do menino e podia tocá-lo! O medo que ele sentia se evaporou completamente, e uma grande esperança tomou conta dele.

Ele percebeu que só é possível enxergar um arco-íris através das lágrimas. Nunca se deve abandonar a esperança, porque depois da chuva o Sol sempre volta a brilhar, e no céu pode surgir um arco-íris magnífico.

A CENTELHA DIVINA

Nome do frasco: "Cura na Nova Era"
Número 15 • Cristalino sobre Violeta
Fortalece a auto-estima e a paz interior. Alivia o medo diante das outras pessoas. Favorece a comunicação com dimensões espirituais.

Ao contrário do que costumava fazer, naquela manhã Deus Pai olhou em direção ao mundo com um pouco de irritação. Na noite anterior, ele tinha perdido a sua centelha divina, e agora não fazia a menor idéia de onde podia estar. Como em todas as noites, ele a tinha guardado numa caixinha, fechando bem a tampa para que o brilho da centelha não o incomodasse durante o sono.

De manhã, a centelha havia desaparecido. Deus Pai não encontrou explicação para isso e sentiu falta da ajuda de Santo Antônio, que costumava trazer-lhe de volta as coisas perdidas — por exemplo, as pequenas nuvens desgarradas que se perdiam no céu. Daquela vez, não parecia fácil recuperar a centelha perdida. Porém, assim como os seres humanos, os santos às vezes têm que enfrentar desafios.

Por isso, Deus Pai mandou chamar o santo, pois a centelha tinha que ser encontrada com urgência. Afinal, como se pode imaginar, ela era um atributo divino muito especial.

Os dois conversaram sobre o desaparecimento da centelha, que até então sempre tinha ficado quieta na caixinha. Mas não encontraram explicação para o sumiço, por mais que se esforçassem. Então, o santo se lembrou de que tinha havido uma tempestade na noite anterior e o vento tinha soprado com toda a força, em várias direções. Mas o que o vento tinha a ver com aquele mistério?

Seja como for, a centelha divina não foi encontrada no céu. Então, Deus Pai pediu a Santo Antônio que fosse procurá-la na Terra, mesmo sabendo que ela dificilmente estaria por lá.

Santo Antônio argumentou que tudo é possível no Universo — e assim, aprontou-se para partir. Percorreu as estrelas, passou pela Lua e até despertou o Sol, mas em toda parte recebeu a mesma resposta. Ninguém tinha visto a centelha.

Porém, quanto mais o santo se aproximava da Terra, mais claridade enxergava, embora fosse ainda noite. Cheio de admiração, ele avistou lá embaixo um grupo de crianças que conversavam animadamente. Elas contavam que um raio tinha despencado naquele jardim e tinha deixado uma lagoa de poeira dourada.

Quando o tempo clareou, as crianças foram até o jardim e admiraram a lagoa dourada. Ela cintilava com tanta beleza e parecia tão refrescante, que as crianças sentiram vontade de tomar banho nela. Quando saíram da água cintilante, as crianças também brilhavam.

Assim, a centelha divina tinha visitado a Terra e o raio a tinha transformado num presente para as crianças. Desde então, um pedacinho de Deus mora dentro de cada um de nós — e isso nunca vai mudar.

O raio trouxe algo especial para os seres humanos. Por isso, desde aquela noite, nós sabemos que não é preciso ter medo da tempestade. Ela pode fazer muito barulho, mas traz também os raios silenciosos que iluminam a noite e convidam os seres humanos a olhar para o céu.

O FILHO DAS ESTRELAS

> Nome do frasco: "O Filho das Estrelas"
> Número 20 • Azul sobre Rosa
> Indicado para crises emocionais. Ajuda a curar
> a "criança interior". Inspira sentimentos de paz e amor.

Há muitos e muitos anos, a Lua brilhava sempre cheia e redonda no céu. Uma estrelinha que também vivia no céu costumava sentir uma inquietação terrível, pois lhe parecia que o brilho da Lua era mais claro que o de todas as estrelas do firmamento. Por isso, ela desejava deixar seu lugar costumeiro e ir para perto da Lua, acreditando que assim podia brilhar com a mesma claridade.

Mas a estrelinha tinha aprendido que aquele desejo se devia à inveja e não era digno de uma estrela que se preze. Assim, ela continuou sozinha no céu, noite após noite. As estrelas maiores não queriam saber dela, pois tinham outras preocupações. As maiores formavam constelações, e para isso tinham de ficar paradas numa determinada posição, o que exigia muita paciência. A estrelinha também já tinha experimentado esse papel, mas era inquieta e agitada demais. Tentava praticar um pouco, piscando no céu e contando até dez sem se mexer. Mas o esforço para estender os raios fazia com que ela balançasse para lá e para cá. Por isso, as estrelas adultas sempre a afastavam, pedindo que esperasse sua vez. A estrelinha se sentia um pouco solitária, mas tentava obedecer.

Durante o dia, quando a estrelinha se tornava invisível porque a luz do Sol era muito mais forte e o céu ficava claro demais, ela dava pulinhos e cambalhotas para todo lado e se sentia descuidada e feliz. Então, pensava que ser uma criança bem-comportada era muito mais difícil do que ser um adulto. Mas continuou esperando pelo dia em que faria parte daquela constelação.

Esse dia chegou finalmente, e a estrelinha se tornou a décima quarta estrela na constelação de Áries. Ela só tinha medo de que seus raios entortassem e ficassem parecidos com os chifres do carneiro. Mas as estrelas grandes a tranqüilizaram quanto a isso. Então, a estrelinha assumiu seu posto, orgulhosa e um pouco tensa. Agora, ela fazia parte da turma, era um membro orgulhoso da Sociedade das Estrelas, e podia se dar por satisfeita.

Mas uma noite, quando as outras estrelas não estavam prestando atenção porque uma delas tinha sofrido um acidente — uma de suas pontas se partira e caíra na Terra —, a estrelinha decidiu visitar a Lua. Teve de percorrer uma distância enorme, e quanto mais avançava, mais calor sentia. Ficou apavorada e quase resolveu voltar. Mas a Lua sorriu para ela, encorajando-a, e assim a estrelinha esqueceu o medo e continuou voando.

Quando chegou perto da Lua, a estrelinha se iluminou e brilhou de felicidade. Começou a girar ao redor dela, pensando apenas no desejo de ser tão luminosa e bela quanto a Lua. Acabou ficando tão excitada, que não conseguia mais parar de girar em círculos.

De início, a Lua ficou um pouco surpresa, pois aquilo nunca tinha lhe acontecido. Mas sentiu simpatia pela estrela irrequieta que brilhava de satisfação diante dela. A estrelinha acabou se cansando daquela brincadeira, mas a Lua já estava gostando dela e não queria que parasse de girar em círculos. Assim, a Lua decidiu que a partir de então iria minguar e apagar-se no céu em intervalos regulares, para não atrapalhar muito a estrelinha.

Dessa forma, a Lua mostrava seu amor e lhe dava uma chance de girar em círculos quanto tempo quisesse, cheia de alegria. No fundo, a Lua estava cansada de ficar sozinha e desejava que a estrelinha continuasse ali para sempre. E foi assim que surgiu a Estrela-d'alva, o planeta Vênus, também conhecido como Estrela do Amor.

Todos nós temos de tentar preservar a nossa estrela interior, na esperança de que um dia a Lua vá brilhar para nós, cheia de amor.

O RIO

Nome do frasco: "O Cálice"
Número 77 • Cristalino sobre Magenta
Indicado para reações de bloqueio diante de mudanças.
Combate a mania de perfeição e a necessidade
de se afirmar ou se justificar.

Há muitos e muitos anos existia o Paraíso, que, como todos nós sabemos, tinha sido criado por Deus Pai. Ali reinavam a abundância e uma grande beleza. Um dia se seguia ao outro, e todas as criaturas teriam vivido muito satisfeitas se não fosse aquela fonte tão atrevida. Ela jorrava dos penhascos, cheia de energia e alegria de viver, e despencava num lago. Mas trazia água em excesso, e assim o lago foi ficando cada vez mais cheio e começou a transbordar, formando um rio.

Esse rio era bastante excêntrico, pois, à tardinha, quando o Sol se punha, ele exibia uma cor que não se podia comparar ao azul dos outros lagos e rios do Paraíso. Tinha metido na cabeça a idéia de ter uma cor semelhante ao lilás das orquídeas nos jardins do Éden. Mas não era um rio esquisito apenas com relação à cor. Um belo dia, quando todos os animais do Paraíso se alegravam com a chegada do solstício de inverno, pois as noites passariam a ser mais longas e eles poderiam descansar mais tempo, a serpente se aproximou para contar uma grande novidade.

Ela deslizou pela areia, assobiou mostrando a língua e começou a reclamar, furiosa. Contou que o rio sempre tentara ser mais importante que os outros, e agora tinha a arrogância de simplesmente parar de correr. Era um rio teimoso, e ninguém conseguia convencê-lo a deixar a água seguir seu curso.

Os peixes estavam indignados, pois o rio tinha parado tão de repente que muitos deles se chocaram uns contra os outros, e os cavalos-marinhos tiveram de ser rebocados pelos caramujos para escapar daquela confusão. Apesar de tudo isso, o rio continuava se recusando a correr. Chegou até a pedir aos castores que construíssem diques para ele descansar em seu leito. O máximo que ele se permitia eram alguns redemoinhos, mas a água não corria para lugar nenhum. Ninguém sabia o que fazer. Então, Deus mandou o caranguejo para as margens do rio, pois este animal era considerado um ajudante divino, com sua compaixão e simpatia. Se ele conversasse com o rio, talvez conseguisse resolver a situação.

Mas o caranguejo também se sentia um pouco inseguro, pois era a primeira vez que um rio se recusava a correr. O caranguejo, que era o filósofo do reino dos animais, se perguntava se aquilo era realmente necessário. Afinal de contas, ninguém podia obrigar o rio a fazer o que não queria. Mas o que aconteceria se o rio congelasse no inverno? Como todos sabem, a falta de movimentos acaba causando uma paralisia total.

O caranguejo examinou a situação e voltou sem resolver o problema. O rio, que finalmente tinha sido deixado em paz, caiu num sono profundo. Quando acordou, tentou se esticar e espreguiçar, o que normalmente devia provocar ondas muito bonitas. Mas ele percebeu que o inverno tinha chegado, formando uma grossa camada de gelo. Aquela situação era nova para ele, e o rio se sentiu aflito. Os peixes também tentavam alcançar a superfície, mas batiam com a cabeça no gelo.

Esse movimento dos peixes provocou cócegas no rio, e ele começou a rir. Riu sem parar, até que as marolas de água se tornaram grandes ondas. Finalmente, a água transbordou por cima do dique e abriu um novo caminho.

E assim o rio voltou a correr, sentindo-se leve e bem-disposto. Com alegria, ele correu em direção ao mar para se juntar a ele.

Por isso, sempre temos de estar preparados para as mudanças da vida. Depois de cada inverno tem início a primavera, trazendo as flores mais lindas, e da mesma forma todos nós crescemos ao longo da vida.

AS GOTAS DE ORVALHO

Nome do frasco: "Oberon"
Número 86 • Cristalino sobre Turquesa
Ajuda a chorar lágrimas reprimidas e dissolve
os bloqueios emocionais. Facilita a comunicação
e estimula a criatividade.

É maravilhoso quando amanhece e a luz do Sol se reflete em milhões de gotinhas de orvalho. As gotas cintilam como diamantes e todos os seres vivos se alegram com aquela saudação do novo dia. Mas nem sempre foi assim. Houve um tempo em que as flores viviam nos prados, ouvindo as melodias do vento e sentindo-se bastante inúteis. Elas achavam que não contribuíam em nada para o encanto da manhã. O máximo que conseguiam era atrair com seu aroma suave algumas abelhinhas, que rastejavam para dentro dos cálices e provavam o pólen. Mas as abelhas se afastavam logo, pois eram bichinhos muito esforçados e estavam sempre com pressa.

As flores ficavam ali paradas. As abelhas se mexiam ao redor, as moscas zumbiam e os pássaros gorjeavam e levantavam vôo, mas as flores continuavam imóveis, presas à terra. Como viver com mais alegria? Elas baixaram as cabecinhas, recolheram-se e começaram a refletir, mas não conseguiram chegar a uma conclusão.

Talvez a função delas na natureza fosse mesmo passiva, ou talvez Deus tivesse cometido um erro. Normalmente, ninguém pensaria uma coisa dessas nem mesmo em sonhos, mas vai ver que Deus podia ter fraquezas e cometer erros como qualquer pessoa.

Nosso Criador voltou o olhar em direção ao mundo, pois costumava inspecionar sua obra de vez em quando. Sentiu-se satisfeito com tudo aquilo que via. Mas aos poucos percebeu um mal-estar que se espalhava no reino das flores. Elas não pareciam contentes de ficar paradas no mesmo lugar, mas o que seria delas se começassem a passear por aí sem mais nem menos? Nem todas as criaturas tinham condições de se movimentar. As árvores também se conformavam em viver sempre no mesmo lugar. Certa vez tinham tentado fugir, mas quando uma delas rompeu suas raízes, o resultado foi tão desastroso que nunca mais tentaram nada parecido.

Seja como for, as flores tinham outro temperamento, e Deus não podia mandá-las para a escola das árvores, dirigida pelo carvalho, que inspirava muito respeito e disciplina.

Assim, Deus mandou chamar um de seus anjos, que já tinha vivido na Terra e conhecia melhor as necessidades das criaturas terrestres. O anjo teve a brilhante idéia de pedir às pequenas ninfas, que brincavam nas águas azuis-turquesa do lago, que dançassem diante das flores a fim de lhes trazer um pouco de consolo.

A dança devia começar de manhã bem cedo, com os primeiros raios de Sol, pois as ninfas não gostam nada de calor. Na verdade, não se sentiam muito entusiasmadas de deixar a água fresquinha onde viviam, mas estavam com pena das flores.

Então, na data combinada, todos se reuniram. O vento soprou sua melodia, os passarinhos cantaram e às vezes um sapo coaxava com um som que parecia o de uma tuba desafinada. Mas isso não tinha importância, pois todos tentavam colaborar com a melhor das intenções. O grupo se esforçava por alegrar as flores com sua apresentação musical.

Mas ninguém sabia que as flores ficariam ainda mais tristes, pois não conseguiam dançar ao som daquelas melodias tão alegres. O que elas mais desejavam era imitar as ninfas, mas não conseguiam movimentar suas raízes, por mais que tentassem.

Então, as flores começaram a chorar. As lágrimas escorreram de seus cálices e pousaram nas pétalas. Naquela manhã, o orvalho se mostrava pela primeira vez na face da Terra. Todos pararam para ver aquilo, contemplando o jogo magnífico de cores quando o Sol se refletia nas gotas de orvalho. Nunca tinham visto nada tão bonito.

A partir daquele dia, as ninfas deixavam o lago de manhã bem cedo e iam visitar as flores para admirar sua beleza. As flores ficavam tão comovidas com isso, que derramavam lágrimas de emoção, sentindo que também estavam vivas.

Esta história nos ensina que as lágrimas libertam a alma e comovem nosso coração.

8. Os oito Pomânderes do conjunto Aura-Soma para crianças

O QUE SÃO POMÂNDERES?

Os Pomânderes são essências à base de álcool, que servem como veículo para uma cor única, ao contrário das duas cores dos frascos de Equilíbrio. Os Pomânderes descritos abaixo formam um conjunto semelhante ao dos frascos de Equilíbrio Aura-Soma para crianças. Caso seja necessário, existem outros Pomânderes à disposição. Eles podem ser usados independentemente dos frascos de Equilíbrio, mas normalmente servem como complemento, reforçando o efeito dos óleos de Equilíbrio, sobretudo quando a criança está se abrindo para uma evolução espiritual.

O que chama mais a atenção nos Pomânderes é o aroma, que se deve aos 49 tipos de ervas usadas em sua fabricação. Além disso, eles contêm as vibrações de pedras preciosas, selecionadas para reforçar um determinado efeito.

Os Pomânderes servem para equilibrar e proteger o campo eletromagnético de cada pessoa. Uma vez que a substância só entra em contato com as mãos e a aura do paciente, ela não atrapalha o efeito de um frasco de Equilíbrio usado simultaneamente.

POSSIBILIDADES DE APLICAÇÃO

Pomânder Cor-de-rosa

Energias de pedras preciosas: quartzo rosa, morganita, turmalina rosa.
Tem efeito relaxante na região da cabeça.
Serve para suprir uma carência de amor e carinho.
Tem função protetora quando a criança abre seu coração para receber ou dar amor.

Pomânder Azul

Energias de pedras preciosas: safira, ágata azul, calcita azul, água-marinha.
Este Pomânder acalma e protege.
Encoraja a criança a confiar na própria intuição.
Fortalece a capacidade de defesa, tanto no nível físico quanto espiritual.
Pode ser de grande valia para crianças sensíveis que precisam de proteção, sobretudo em fases de transição. A expressão da criança se torna mais clara, e ela lida melhor com sua própria autoridade.

Pomânder Verde

Energias de pedras preciosas: jade, malaquita, moldavita, esmeralda.

Este Pomânder ajuda a criança a criar um espaço no qual se sente protegida e respeitada.

Ele favorece o equilíbrio interior e desperta na criança a consciência de suas próprias necessidades e sensações.

Pomânder Dourado

Energias de pedras preciosas: âmbar, citrino, zinquita.

Serve para combater o medo, inspirando confiança. Fortalece o sistema nervoso da criança e melhora o estado de espírito.

Também ajuda a criança a agir com base em sua intuição.

Pomânder Violeta

Energias de pedras preciosas: ametista, cristal de rocha, diamante.

Quando a criança perde a confiança ou a fé, este Pomânder serve para restaurar os sentimentos abalados. A criança consegue se descontrair e respeitar as outras pessoas.

Este Pomânder também estimula a curiosidade diante de novas experiências.

Pomânder Magenta

Energias de pedras preciosas: granada, sugilita, rubi, ametista.

Este Pomânder ajuda a evitar ou aliviar depressões.

A criança consegue se adaptar melhor às situações novas e a superar os antigos padrões de comportamento.

Ela volta a se alegrar com os pequenos prazeres da vida.

Depois da meditação, a criança assimila melhor as impressões que teve e consegue integrá-las em sua vida normal.

Pomânder Turquesa

Energias de pedras preciosas: água-marinha.

Este Pomânder ajuda a criança a manter contato mais profundo com seus sentimentos e a expressá-los com mais clareza.

Ele favorece a criatividade da criança e a comunicação com outras pessoas.

QUANDO DEVE SER USADO UM POMÂNDER?

De manhã, os Pomânderes podem ser usados para proteger a criança, e à noite para purificar a aura. Eles protegem contra energias negativas, e ao mesmo tempo fortalecem e equilibram a penetração de energias positivas.

Os Pomânderes também podem ser empregados quando a criança não está usando nenhum frasco de Equilíbrio. Têm uma característica especial, que é a possibilidade de uso por pessoas diferentes.

Se a criança não estiver usando nenhum frasco de Equilíbrio, peça-lhe que escolha seu Pomânder de acordo com o cheiro e a cor. Confie na escolha da criança e não questione a decisão dela. Em geral, a intuição de uma criança é mais forte que a de um adulto.

COMO DEVE SER USADO UM POMÂNDER?

Caso a criança já esteja usando um frasco de Equilíbrio, escolha o Pomânder da cor correspondente e "espalhe-o" na aura da criança. Se ela quiser fazer isso sozinha, mostre-lhe calmamente como deve proceder. Despeje algumas gotas do líquido nas mãos da criança e diga-lhe para esfregar as mãos um pouco. O líquido seca com a evaporação do álcool. Então, peça à criança que estenda as duas mãos em direção ao céu, para compartilhar aquela energia com todas as outras pessoas. Começando da cabeça em direção aos pés, a criança deve espalhar a essência ao redor da aura. É como se ela acariciasse a si mesma a alguns centímetros de distância do corpo. O mesmo procedimento deve ser repetido no sentido inverso, desde o chakra do sacro até o chakra coronário, no alto da cabeça. Por fim, a criança deve juntar as duas mãos diante do rosto e respirar o aroma do Pomânder.

Crianças pequenas podem fazer uma brincadeira para espalhar a essência ao redor da aura. Despeje algumas gotas nas mãos da criança e convide-a a "vestir um pijama mágico, bem gostoso e quentinho", que tem a cor do Pomânder. A criança deve imitar a forma do pijama com as mãos, fazendo de conta que está vestindo um pijama de verdade. Primeiro deve pôr o capuz, depois enfiar os braços e abotoar a blusa. Agora vem a calça, que deve ser puxada para cima, amarrada e alisada na altura das pernas. Os pés não devem ser esquecidos, e a criança deve fingir que está vestindo as meias. Depois, deve colocar uma das mãos na altura do abdômen e levá-la até o alto da cabeça. Por fim, deve juntar as duas mãos diante do rosto e respirar fundo várias vezes. Depois da primeira respiração, pergunte à criança de que flor ou fruta é o cheiro que ela está sentindo. Enquanto continuar o exercício de respiração, essa fantasia diverte a criança e estimula sua criatividade.

Caso ela esteja muito cansada, ou simplesmente tenha adormecido depois da leitura, você mesma pode espalhar o Pomânder. Esse exercício permite acariciar e equilibrar a aura da criança. Tem efeitos benéficos sobretudo depois de um dia cansativo. Basta seguir o procedimento descrito acima.

9. Pequenas meditações sobre os Pomânderes

Para tornar ainda mais benéfico o efeito dos Pomânderes, você pode praticar com a criança alguns exercícios de meditação. Antes disso, é aconselhável que ela esteja bem tranqüila e relaxada. Se não houver tempo ou disposição para isso, ela deve se acomodar numa posição confortável, fechar os olhos e respirar fundo várias vezes.

Pomânder Cor-de-rosa • Amor

Imagine que você está descendo por uma longa estrada em direção a um lago, às margens da floresta. O sol se reflete na água e alguns raios iluminam seu rosto. Você tem uma sensação gostosa de calor.
Pausa
Chegando na beira do lago, você se senta e vê a água brilhando.
Pausa
Algumas rãs brincam nos juncos da margem, parecendo muito contentes. Uma delas dá um grande pulo em sua direção e pergunta se você quer brincar também. Então, você vai para junto delas. É tão gostoso brincar sob o sol! Você se sente muito bem em companhia daquelas rãs.

Pausa

Depois de algum tempo, a noite cai e as rãs vão dormir. Elas perguntam se você gostaria de passar a noite na beira do lago, e você responde que sim. A maior delas lhe mostra um lindo nenúfar cor-de-rosa que ainda está aberto na água lisa. Ela diz que aquele nenúfar pode lhe servir de cama. Você monta no dorso da rã e ela dá um grande salto até o nenúfar.

Pausa

Ali, você desmonta da rã com cuidado e rasteja para dentro do nenúfar. A rã lhe dá boa-noite e promete buscar você na manhã seguinte. O nenúfar fecha devagar as pétalas rosadas, envolvendo você num leito macio e protegido. É uma sensação deliciosa.

Pausa

Depois de um sono longo e tranqüilo, você acorda e percebe que o Sol nasceu e a rã está coaxando na margem, esperando para apanhar você. Ela se aproxima pulando, põe você nas costas e nada de volta para a margem. A água é bem fresquinha e você se sente alegre e bem-disposto.

Pausa

Para acordar totalmente, você deve espreguiçar e bocejar bastante.

Pomânder Azul • Paz

Tente descontrair e tranqüilizar a criança.

Hoje é um dia divertido e você está brincando dentro de casa com seus ursinhos de pelúcia. Lá fora, algumas gotas de chuva começam a cair, e a sensação dentro do quarto é muito aconchegante.

Pausa

As gotas de chuva batem alegremente na janela e você percebe que um dos ursinhos olha para fora e vai até a janela. A chuva se junta numa pequena poça diante da casa, com aquele barulho alegre de água correndo.

Pausa

O ursinho corre para fora para ver aquilo de perto, pisa dentro da poça e se molha todo. Acaba se sujando também, mas é um prazer vê-lo tão alegre, dando pulinhos na chuva.

Pausa

Quando ele se cansa de brincar, volta para dentro de casa, e você percebe que ele precisa urgentemente de um banho. Você enche a banheira e mistura um pouco de espuma de banho azul. O ursinho olha espantado para a água, que vai ficando cada vez mais azul e se enche de bolhas. Ele pula na banheira muito excitado. Fica um tempão na água quente e azul, sem querer sair. Afinal, ele já estava mesmo cansado de tantos pulos e brincadeiras.

Pausa

Quando ele sai da banheira, virou um ursinho azul. Parece tão engraçado e simpático que você o seca e o abraça por muito tempo, com uma sensação de paz e proteção.

Pausa

Depois de algum tempo, você ouve o chamado dos outros ursinhos. Vocês dois se espreguiçam e voltam para o quarto para continuar brincando.

Se necessário, faça um pouco de alongamento com a criança.

Pomânder Verde • Proteção

De novo, tente se descontrair junto com a criança.

Você está sentado no meio de um prado e observa o seguinte acontecimento.

É na parte da tarde que os anjinhos do céu acordam de sua soneca e vão brincar, para sentir um pouco mais de apetite para o jantar. Um dos anjinhos exagerou na brincadeira e despencou em direção à Terra, mas por sorte ficou preso numa árvore. Agora, ele está sentado no alto da árvore, imaginando o que fazer.

Pausa

Pular para baixo não parece boa idéia, pois os seres humanos ficariam muito admirados com aquele anjinho que apareceu na Terra numa tarde de sol. Por isso, ele espera pacientemente por uma idéia melhor, até ser salvo pelo acaso. A árvore fica à beira de um prado, e do outro lado existe um rio. Nesse rio brincam filhotes de jacaré. Eles se divertem tanto com a brincadeira que às vezes só deixam a cauda para fora. Quando se cansam de nadar, rastejam até o prado e ficam muito admirados com aquele anjinho no alto da árvore.

Pausa

O anjinho conta sua história e pergunta se os jacarés podem ajudá-lo. Então, os jacarés prometem dar ao ursinho um pouco da cor verde que costumam fabricar quando ficam muito tempo na água e acabam desbotando. Eles chamam o elefante, que é um animal muito mais alto e tem mais condições de chegar perto do anjinho. O elefante enche a tromba de tinta verde e borrifa o anjinho, que fica todo verde.

Pausa

Agora, o anjinho se confundiu com as folhas da árvore. Ele está contente com aquela roupa nova. Sente-se bem-disposto, pois os jacarés salvaram sua vida. Agora, pode esperar tranqüilamente pelo cair da noite.

Pausa

Ele tira uma soneca e tem sonhos doces e verdes. Você também se cansa de olhar e adormece no prado verde.

Pausa

Quando você ouve os barridos do elefante, é porque chegou a hora de o anjinho voltar para o céu. Mas se quiser vê-lo voando, você tem de espreguiçar e abrir bem os olhos.

Se necessário, esfregue um pouco o corpo da criança para que ela termine de acordar.

Pomânder Dourado • Força interior

Tente se descontrair com a criança.

Numa linda manhã, você sai para passear num prado cheio de flores. O Sol brilha no céu e você consegue sentir seu ardor na pele. Está quente e você se sente bem, como uma pessoa embrulhada num cobertor macio. Você fecha os olhos um pouquinho, respira fundo algumas vezes e começa a sonhar.

Pausa

Longe dali, você ouve o som de uma cachoeira. Sente curiosidade e se levanta para procurá-la. O estrondo vai ficando cada vez mais forte, até que de repente você depara com uma cachoeira maravilhosa que rebrilha ao sol com tons dourados. Várias "crianças-gnomos" se reuniram ali perto para admirar a cachoeira. Elas dançam ao redor de um arco-íris que surgiu sob a luz dourada do sol. Você ainda não sabe como se aproximar dos gnomos, e fica esperando.

Pausa

Então, uma abelhinha chega voando por trás de você e lhe sussurra no ouvido: "Venha comigo até os gnomos, vamos brincar com eles". A proteção da abelha lhe dá coragem.

Você se aproxima dos gnomos e da cachoeira dourada. Eles pegaram um grande pincel e o mergulharam nas cores do arco-íris. Perguntam se você também quer brilhar com aquela cor dourada. É claro que você responde que sim. Os gnomos pintam você com uma tinta que se transforma na armadura dourada de um cavaleiro. Agora, você está protegido e se tornou invencível. É uma sensação muito gostosa.

Pausa

Então, você tira a armadura e a guarda por trás de uma rocha, ao lado da cachoeira. Sempre que quiser, pode voltar ali, pois os gnomos a deram de presente para você.

Pausa

Cheio de energia, você retorna ao lugar onde está seu cobertor, dobra-o com cuidado e volta para casa. Ali, você coloca o cobertor numa cadeira, senta-se nela e abre os olhos.

Faça alguns movimentos com a criança para que ela recupere as energias.

Pomânder Violeta • Respeito por si mesmo e tranqüilidade

Acalme a criança e deixe-a bem à vontade.

Você está passeando por uma floresta mágica. Ali existem muitas coisas para admirar – árvores altas, riachos estreitos e lagos profundos. Às vezes, você encontra uma raposa ou um urso. Naquela floresta mágica, todos os animais parecem inofensivos. Depois de passear um pouco, você avista um castelo no alto de uma colina. Você sobe uma estrada para chegar ao castelo e percebe que o portão está aberto e muitas pessoas se reuniram no pátio.

Pausa

Todas essas pessoas estão esperando por um pequeno príncipe que naquele dia, pela primeira vez, deve contar histórias de fadas na varanda do castelo. As pessoas se sentem um pouco impacientes, pois estão esperando há algum tempo e o príncipe ainda não apareceu. Por isso, você passa por elas e entra no castelo. Sobe algumas escadas e chega a um grande salão, onde o príncipe está sentado numa cadeira. Ele parece assustado e se recusa a aparecer na varanda. Muitos criados e camareiras estão ao redor dele, tentando animá-lo um pouco, mas nada parece adiantar. Então, do outro lado do salão, você avista um velho de barbas brancas. Ele tem nas mãos um manto luxuoso de cor violeta e acena para você.

Pausa

Ele lhe pede para segurar o manto pesado e levá-lo até o pequeno príncipe. É um manto mágico, explica o velho, muito útil para pessoas que têm medo de falar em público. Ao ouvir isso, você corre até o pequeno príncipe e veste-o com o manto violeta. Então, como por encanto, o pequeno príncipe se levanta, vai até a varanda e começa a contar as histórias mais lindas para todas as pessoas que estavam esperando.

Pausa

Você continua de pé por trás do príncipe, com a mão nos ombros dele, sentindo sua tranqüilidade e coragem.

Pausa

Quando chega o momento da despedida, o pequeno príncipe agradece a você e lhe dá um pedaço do manto violeta, para que você também tenha coragem na vida e seja sempre forte. Você coloca o tecido violeta nos ombros e sai caminhando pela floresta, de volta para casa. Os animais da floresta olham para você com muito respeito.

Pausa

Chegando em casa, você pendura o presente no armário, sabendo que sempre pode usá-lo quando precisar dele.

Agora, você deve espreguiçar e abrir os olhos. Respire fundo algumas vezes para acordar totalmente.

Pomânder Magenta • Amor pelas coisas pequenas

Acalme a criança e deixe-a bem à vontade.

Depois de um dia longo, cheio de brincadeiras divertidas, você vai dormir muito cansado. Já se deitou na cama e se aninhou no cobertor quentinho, quando ouve alguém falando em voz baixa na janela. Você se levanta de novo e olha para o prado diante da casa. Tudo está escuro lá fora, e a lua brilha no céu.

Pausa

Você não enxerga ninguém lá fora, mas as vozes parecem mais próximas. Então, você repara num vaso de amores-perfeitos colocado no beiral da janela. As flores têm uma linda cor magenta, mas estão cabisbaixas, queixando-se de sede.

Pausa

Agora você já sabe de onde vêm as vozes. Ouve a queixa das flores e pergunta se elas querem um pouco de água.

Pausa

Elas acenam com a cabecinha e você sai em direção ao banheiro, e traz água num regador.

Pausa

Então, você volta para o quarto e sobe num banquinho diante da janela, para enxergar melhor as flores. Com cuidado, derrama um pouco de água no vaso e percebe que as flores já parecem mais frescas o olham para você.

Pausa

Agora, você pode voltar para a cama. Não precisa mais se preocupar com os amores-perfeitos. O regador ficou embaixo do beiral da janela, para que você não esqueça de regar as flores de novo pela manhã. Você olha para elas uma última vez.

Pausa

Então, enxerga alguns anjinhos que se reuniram ao redor do vaso, cantando canções de ninar para as flores. Você escuta aquelas canções mais um pouco, e depois adormece também.

Pausa

Na manhã seguinte, os raios de sol despertam você. Um novo dia raiou, cheio de alegria.

Você se espreguiça e se levanta devagar. Seus olhos estão bem abertos e você se sente bem-disposto.

Pomânder Turquesa • Criatividade

Acalme a criança, deixando-a bem relaxada.

Você está de pé numa praia comprida, de areia branca. Olha para o mar e percebe que os raios de sol se refletem nas ondas. As gaivotas cantam e de repente você sente vontade de tomar banho naquela água morna, de cor verde-turquesa. Passo a passo, você entra na água e avança cada vez mais longe. A água já está lhe batendo à altura do peito, e você se sente leve e tranqüilo.

Pausa

Você sente cócegas nas pernas. Quando olha para baixo, percebe que um filhote de golfinho está nadando ali perto. Ele produz sons estranhos que você não consegue entender. Mas quando você põe o ouvido na água, escuta o golfinho dizendo: "Venha nadar comigo até o alto-mar".

Pausa

Você quer acompanhar o golfinho, mas não tem coragem de nadar sozinho. O filhote de golfinho entende o que você está sentindo e chama um amigo. Os dois carregam você até o alto-mar.

Pausa

Ali, um golfinho adulto vem recebê-los com um sorriso enorme no rosto. Você sobe no dorso do animal e sai passeando com ele. Ele nada bastante, pula para fora d'água e se diverte com o passeio. Os dois filhotes vão nadando também, um de cada lado do golfinho, para proteger você.

Pausa

Depois de nadar algum tempo, vocês chegam a uma ilha. Ali, você se senta na praia e constrói um grande castelo de areia. O castelo fica muito bonito, cheio de torres e janelas.

Pausa

Quando o castelo está pronto, uma menina se aproxima trazendo uma bandeirinha para ser colocada na torre mais alta. Ela conta que também costuma fazer castelos de areia. Vocês ficam sentados algum tempo, conversando e contando histórias.

Pausa

Então, os golfinhos surgem de novo, porque já é hora de voltar para casa. Você se sente leve e bem-disposto. Chegando na praia, você acena para os golfinhos e agradece pelo passeio maravilhoso, sabendo que pode voltar àquela ilha sempre que quiser brincar e conversar com sua amiguinha.

A criança deve espreguiçar, bocejar e esfregar o corpo para se reanimar e despertar totalmente.

10. Introdução à homeopatia

Dr. Stephan von Andrenyi

Quando Samuel Hahnemann, o fundador da homeopatia, realizou o famoso experimento da Quinarinda em 1792, mal podia prever que tinha descoberto, com o mesmo espírito visionário de outros pesquisadores e sábios, um método terapêutico baseado nas leis naturais.

Grandes médicos da Antigüidade, como Hipócrates, ou da Idade Média, como Paracelso, já procediam em muitos casos segundo as leis homeopáticas da natureza. Paracelso formulou o seguinte princípio: "Todas as substâncias são venenos, e só a dosagem faz com que deixem de ser venenosas". Aqui já existe um prenúncio das descobertas de Hahnemann, baseadas no uso de quantidades ínfimas de cada substância. *Similia similibus curantur* – os semelhantes se curam pelos semelhantes. De acordo com o princípio da semelhança, que é a viga mestra no edifício da homeopatia, uma substância capaz de provocar determinados sintomas numa pessoa saudável pode curar sintomas parecidos numa pessoa doente. Por exemplo, a cebola comum, usada para cozinhar, contém um óleo etéreo que provoca irritação e lágrimas nos olhos, e depois de algum tempo deixa a pele inflamada. A mesma substância da cebola, chamada Alium Cepa, pode ser "potencializada" homeopaticamente para curar resfriados, de natureza infecciosa ou alérgica.

Hahnemann explicou esse fenômeno com as seguintes palavras: "Para curar de maneira suave, rápida, segura e permanente, procure um remédio que provoque um mal semelhante ao da doença a ser curada". Em 1810, ele publicou o trabalho *Órganon da Medicina*, no qual reuniu todo o arcabouço teórico da homeopatia e seus exemplos práticos.

A homeopatia é a única doutrina terapêutica que sempre se baseou numa idéia central, que é o princípio da semelhança, considerado válido ainda hoje, depois de 200 anos.

A homeopatia atua em setores imateriais do organismo, ao contrário da medicina tradicional, que procura agir no nível material e mecânico. Por isso, é uma terapia reguladora, que estimula as energias autocurativas e reguladoras do organismo. Na falta de um conceito mais específico, de acordo com as ciências naturais, Hahnemann chamava o potencial autocurativo do organismo de "Vis Vitalis" – a energia vital.

Ainda hoje, a ciência moderna tem dificuldade para explicar e classificar a "energia vital", entre outras razões porque a medicina tradicional serve para *combater* os sintomas, usando antibióticos contra infecções bacteriológicas, antiflogísticos contra inflamações ou antidepressivos contra distúrbios psíquicos. Assim, a medicina tradicional tem uma noção precisa das doenças, mas não da saúde, que é um estado abrangente de bem-estar físico baseado na "Vis Vitalis".

No entanto, é importante chamar a atenção para os limites da homeopatia, assim como de qualquer outra terapia biológica. No caso de doenças ou estados nos quais a energia vital se reduziu ao mínimo ou foi totalmente destruída, como por exemplo em casos avançados de câncer, ou quando ocorrem traumas causados por influências externas e mecânicas, por exemplo, queimaduras generalizadas e acidentes de trânsito com fraturas e hemorragia interna, a medicina tradicional é absolutamente legítima, pois seria temerário confiar somente numa terapia biológica reguladora.

A "Vis Vitalis" abrange sobretudo os níveis psíquico, mental e espiritual, e em parte também o nível somático do paciente. Por isso, a homeopatia utiliza principalmente substâncias que, pelo procedimento de potencialização, transmitem suas informações energéticas aos veículos correspondentes, tais como água, álcool ou lactose. A potencialização consiste na dissolução da substância numa progressão de dez ou cem vezes, além de procedimentos de "sucussão" no caso de substâncias líquidas, ou "fricção" no caso de substâncias solúveis e metálicas.

Desde o surgimento da homeopatia, o procedimento da "sucussão" suscitou críticas violentas por parte da medicina tradicional, entre outras razões porque os homeopatas não encontravam explicação satisfatória para a eficácia de um remédio que, segundo as leis da química, não continha nenhuma molécula da substância ativa. Assim, a medicina tradicional nunca reconheceu o efeito comprovado desses remédios, inclusive em crianças, animais e até mesmo em pacientes em estado de inconsciência, circunstância que serviu para refutar uma das acusações mais comuns, a do "efeito placebo" (medicamento inerte ministrado com fins sugestivos ou morais).

Foi só em anos recentes que a física ajudou a esclarecer essa polêmica, pois a ressonância magnético-nuclear comprovou que a potencialização homeopática provoca a emissão de sinais físicos, isto é, energéticos. A potencialização libera uma informação energética que é transferida para o excipiente líquido (o veículo) e assimilada pelo organismo, estimulando as energias autocurativas.

O método empírico do teste de substâncias, praticado por Hahnemann em seu próprio corpo e mais tarde também por seus discípulos, foi sistematicamente ampliado. Hahnemann escreveu seu *Tratado dos Medicamentos* em seis volumes, e desde então cerca de 3 mil substâncias foram testadas e catalogadas, das quais cerca de duzentas passaram a integrar o repertório dos médicos homeopatas. Os sintomas referentes a cada uma dessas substâncias são descritos em obras extensas de referência chamadas "Repertórios".

Princípios básicos da homeopatia

Princípio da semelhança (*similia similibus curantur*).
Teste dos medicamentos em pessoas saudáveis.
Potencialização das substâncias.

Conselhos práticos

Em alguns casos, o tratamento homeopático pode provocar um agravamento dos sintomas logo no início, que em seguida desaparecem sem que a medicação tenha de ser alterada.

Essa reação inicial indica que o medicamento empregado é adequado à doença em questão e confirma seu efeito terapêutico.

11. Remédios homeopáticos que complementam os frascos Aura-Soma para crianças

---
Frasco 11 • Cristalino sobre Rosa
"Primeiro Frasco de Essen"
Equivalente homeopático: *Calcium Carbonicum*

Hahnemann extraía o cálcio, um dos elementos essenciais da crosta terrestre, a partir da concha de ostras.

Aqui já se percebe uma analogia com o universo das crianças. Assim como a ostra tem uma concha extremamente dura e resistente, feita de sais de cálcio, que serve para proteger seu interior macio e sensível, a criança também precisa de proteção, pois ela deixa a cavidade quente e segura do útero para entrar num mundo estranho, desconhecido e quase sempre frio. Essa proteção consiste no amor e na dedicação dos pais e pode ser reforçada por meio de uma substância homeopática para proteger a vida interior frágil e indefesa.

No nível físico, o Frasco 11 serve para aliviar dores de ouvido, um órgão que, segundo crenças antigas, é justamente o local (além das narinas) por onde a alma entra e sai do corpo. Da mesma forma, o *Calcium carbonicum* tem relação estreita com problemas de ouvido de toda sorte, e também com os órgãos linfáticos. A medicina tradicional comprovou há pouco tempo que os ouvidos são os órgãos do corpo com maior circulação de linfa.

Muitas vezes, as crianças do tipo *Carbonicum* sofrem de distúrbios causados pelo metabolismo do cálcio, tais como raquitismo, calcificação deficiente das cartilagens, problemas com a dentição ou fechamento tardio da moleira (abóbada do crânio).

Além disso, podem ser observados distúrbios linfáticos como inflamação nos gânglios linfáticos ou predisposição para as inflamações em geral.

Porém, tanto a medicina tradicional quanto as terapias naturalistas – e a medicina antroposófica deu uma contribuição decisiva nesse sentido – nos ensinam que o sistema imunológico e linfático tem um papel decisivo no confronto com o "não-eu", isto é, o meio ambiente.

Assim, *Calcium carbonicum* ajuda o recém-nascido a enfrentar o "novo mundo" com amor e harmonia, adaptando-se a ele da melhor maneira.

Frasco 12 • Cristalino sobre Azul
"Paz na Nova Era"
Equivalente homeopático: *Lycopodium*

Essa substância é encontrada em ervas rasteiras da família das licopodiáceas, uma das mais antigas da face da Terra. Há milhões de anos, essas plantas podiam atingir a altura de 30 metros e proliferavam em toda a superfície do planeta. Hoje, o *Lycopodium clavatum* é uma erva de no máximo 10 centímetros de altura, que se espalha no chão à maneira de um musgo, e cujos esporos ressecados servem para a fabricação da substância homeopática.

Um dos maiores desafios que a criança tem de enfrentar é encontrar o equilíbrio ideal entre o egoísmo necessário para sua sobrevivência e a capacidade de abnegação e respeito pelas outras pessoas. Mais tarde, durante a puberdade, a mesma problemática costuma vir à tona.

As crianças do tipo *Lycopodium* podem ter uma deficiência de autoestima e consciência de si mesmas que em geral é habilmente disfarçada. Muitas vezes, elas até questionam ou intimidam as outras pessoas, compensando sua fraqueza por meio da aparência externa de superioridade e segurança. Em compensação, diante das poucas pessoas pelas quais têm estima, essas crianças se mostram leais e abnegadas.

Também é interessante observar que as crianças do tipo *Lycopodium* costumam ter dificuldades de expressão oral, coisa que não contribui para a auto-estima, embora quase sempre tenham inteligência desenvolvida e sejam mais tarde extremamente bem-sucedidas na vida profissional.

Assim, o medicamento *Lycopodium* alivia a necessidade de mostrar superioridade, favorecendo uma adaptação harmoniosa ao meio ambiente.

Frasco 13 • Cristalino sobre Verde
"Mudanças na Nova Era"
Equivalente homeopático: *Silicea*

O ácido silícico também é abundante na crosta terrestre e está presente no organismo humano em quantidades consideráveis, como elemento estrutural do tecido conjuntivo. O silício, usado como substância bruta sem elaboração homeopática, era comum na medicina popular contra "doenças do tecido conjuntivo", como varizes, articulações frouxas etc. Na química, a *Silicea* é conhecida como vidro.

As crianças do tipo *Silicea* são em geral muito tímidas, submetendo-se à autoridade e às opiniões das outras pessoas, a começar dos próprios pais. Essa deficiência de auto-afirmação tem várias semelhanças com o tipo *Lycopodium*, com a diferença fundamental de que ela não é compensada por uma força exterior ou uma aparência de poder. As crianças do tipo *Silicea* são visivelmente fracas e retraídas.

A *Silicea* pode ajudar a criança em fase de crescimento a encontrar seu caminho no mundo exterior.

Uma imagem capaz de descrever este quadro é a da criancinha tímida sentada dentro de casa, contemplando o mundo lá fora através de uma janela, com espanto e também com um pouco de medo. Seu maior desejo seria caminhar em meio às flores e integrar-se à natureza.

As crianças do tipo *Silicea* são muito sensíveis em relação a qualquer tipo de influência externa, assimilando facilmente as emoções alheias. No entanto, é preciso observar que essas crianças tímidas também podem se comportar com teimosia e obstinação, defendendo-se do mundo exterior por meio de uma "vidraça" emocional.

Os pais dessas crianças devem evitar regras muito rígidas ou proibições capazes de prejudicar manifestações de curiosidade e esperança, pois as crianças rapidamente se retraem por trás de sua "vidraça", recusando-se a conhecer e a experimentar o meio ambiente.

No entanto, elas precisam também de uma orientação segura e firme e de um apoio carinhoso para travar contato com o mundo exterior, pois são crianças muito curiosas e dispostas a aprender.

Frasco 14 • Cristalino sobre Ouro
"Sabedoria da Nova Era"
Equivalente homeopático: *Silicea* (ver Frasco 13)

A "essência" dos Frascos 13 e 14, ou seja, a energia inerente ou informação energética, é relativamente semelhante do ponto de vista homeopático, pois ambos os frascos têm relação com esse confronto entre o mundo interior e o exterior.

Para caracterizar as crianças do tipo *Silicea*, usamos a metáfora da "vidraça", que serve como anteparo mas também faz com que a criança imatura e retraída dentro de casa possa observar o que se passa lá fora.

Esse confronto entre o mundo interior e o exterior é um processo lento, que se dá em etapas gradativas e deve ser acompanhado pelos pais ou irmãos mais velhos com uma atitude de proteção, carinho e paciência.

Em relação ao Frasco 13, o Frasco 14 representa uma etapa mais avançada nesse processo, mas também aqui a *Silicea* é a substância homeopática mais indicada.

A *Silicea* fortalece o "eu" da criança para que ela tenha mais condições de agir em função de sua própria autoridade.

Frasco 15 • Cristalino sobre Violeta
"Cura na Nova Era"
Equivalente homeopático: *Magnesium muriaticum*

O magnésio é um metal leve muito comum que está presente nos reinos mineral, vegetal e animal, geralmente em forma de carbonatos. É um dos minerais mais importantes para o metabolismo humano, responsável por inúmeros processos vitais.

Em sua forma potencializada, ou seja, desmaterializada, o *Magnesium muriaticum* é um medicamento eficaz para tratar todas as formas de dependência. Os relacionamentos baseados na dependência inspiram facilmente o medo de se decepcionar com as pessoas de confiança. Essa ligação entre desconfiança e dependência pode ter efeitos negativos.

Se não houver uma intervenção terapêutica, esse quadro psicológico pode evoluir para uma situação de solidão absoluta, pois o medo da decepção e até mesmo traição faz com que as crianças evitem todo tipo de relacionamento social.

No Repertório da homeopatia, encontramos a seguinte descrição: "Acredita que não tem amigos; sensação de abandono, aversão a qualquer forma de convívio social".

O *Magnesium muriaticum* faz com que essas crianças tenham uma percepção mais nítida da realidade, percebendo que a proximidade não significa dependência. Assim, a atitude negativa diante do mundo exterior é minimizada, e a criança passa a agir com mais autonomia.

No nível somático, é interessante observar que o *Magnesium muriaticum* também serve para combater dores de cabeça intensas.

Frasco 20 • Azul sobre Rosa
"O Filho das Estrelas"
Equivalente homeopático: *Arnica / Phosphorus*

Duas substâncias homeopáticas são indicadas para essa situação existencial.

A primeira, que atua no nível físico, se chama *Arnica* (erva alpestre, da família das compostas). Em sua forma "aberta", ou seja, potencializada, essa planta proporciona alívio e bem-estar. Na medicina naturalista e popular, a *Arnica* é conhecida e celebrada há muito tempo por sua eficácia contra ferimentos típicos de pessoas que vivem nas montanhas, como luxações, distensões, sangramento e quedas. A "potencialização" reforça ainda mais os efeitos benéficos, de modo que a *Arnica*, em sua forma imaterial, atua com muita eficácia contra traumas emocionais, como choques ou sustos.

O medicamento não é indicado apenas para crianças, mas também para adultos que sofram por exemplo de pressão alta, causada pelo recalque ou repressão das conseqüências de um trauma, e que pode acabar levando a uma crise cardíaca. Nesses casos, a *Arnica* é o remédio homeopático ideal.

No nível espiritual, a substância apropriada é o *Phosphorus*, que em grego significa "portador de luz" ou "estrela-d'alva". Assim, não é de admirar que o fósforo desempenhe uma função importante em muitos processos de combustão. Além disso, é a única substância capaz de arder debaixo d'água.

O *Phosphorus* é um dos elementos mais sensíveis de toda a *Materia Medica* homeopática. Essa sensibilidade pode chegar até a clarividência, e muitas pessoas do tipo *Phosphorus* apresentam dons espirituais. É preciso observar também que as crianças do tipo *Phosphorus* precisam de muita luz e amor para viver plenamente sua existência "radiante". Então, elas também retribuem com muito amor e empatia.

Frasco 77 • Cristalino sobre Magenta
"O Cálice"
Equivalente homeopático: *Palladium*

O paládio, um metal nobre muito próximo do ouro (*Aurum*), tanto na tabela periódica dos elementos quanto do ponto de vista da medicina homeopática, é usado na odontologia para a fabricação de blocos e coroas.

Tal como sugere a raridade e exclusividade deste metal, as pessoas do tipo *Palladium* são orgulhosas e altivas, e muitas vezes sentem que não recebem a atenção e o reconhecimento merecidos. Com atitudes dominadoras e até arrogantes, colocando-se acima de tudo, elas, no entanto, levam em conta a opinião dos outros. Além disso, fazem questão de causar boa impressão.

De modo geral, não é fácil aceitar as próprias imperfeições, mas isso pode se tornar um grande problema para crianças do tipo *Palladium*, com sua ambição e perfeccionismo. Essa tendência pode chegar até à teimosia, coisa que não facilita muito o convívio com essas crianças e geralmente leva à solidão. O *Palladium* as ajuda a entender que podem ser aceitas e amadas sem necessidade de serem perfeitas o tempo todo.

Da mesma forma, os mecanismos de compensação baseados na arrogância e no autoritarismo se dissolvem, e a criança consegue uma integração harmoniosa entre dar e receber, amar e ser amada. Só assim ela tem condições de entender suas imperfeições e aceitar a si mesma.

Frasco 86 • Cristalino sobre Turquesa
"Oberon"
Equivalente homeopático:
Natrium muriaticum = Natrium chloratum

O sal comum de cozinha, potencializado pelos procedimentos homeopáticos, tem uma importante função terapêutica. Ele é composto dos elementos naturais nátrio (ou sódio) e cloro. Ambos sugerem uma personalidade temperamental e dinâmica – basta dizer que atualmente o cloro ainda é usado como bactericida no tratamento da água potável.

Quando combinados, porém, esses elementos não têm efeito reativo. Com sua dureza e estrutura cristalina, o sal permanece inalterado ao longo de séculos, imune às influências externas com exceção da água (como no caso das lágrimas).

Os sentimentos de uma criança do tipo *Natrium muriaticum* estão firmemente encerrados no interior dela, permanecendo ocultos inclusive para as pessoas mais próximas, como pais ou irmãos. Muitas vezes, esses sentimentos podem ser violados ou feridos sem que o próprio causador tenha noção disso.

No Repertório da homeopatia, o *Natrium muriaticum* é um medicamento eficaz para combater decepções, principalmente no âmbito emocional. Porém, as pessoas do tipo *Natrium muriaticum* agem exteriormente como se nada tivesse acontecido, recusando demonstrações de consolo e carinho, com tendência para o individualismo e o asceticismo. Elas só choram suas lágrimas quando estão sozinhas, aliviando as dores por conta própria.

O *Natrium muriaticum* contribui para que essas crianças retraídas consigam se abrir, principalmente no nível emocional, aceitando suas decepções e aprendendo a lidar com elas. Nesse sentido, as lágrimas são importantes para acalmar e purificar a alma. Mesmo para os adultos, o choro pode proporcionar alívio duradouro.

Na época vitoriana (marcada pelo puritanismo da rainha Vitória, da Inglaterra, que reinou entre 1837 e 1901), dava-se grande ênfase aos sentimentos de pudor, frieza e autocontrole. Meninos não podiam chorar – era uma prova de fraqueza. Nessa época, o *Natrium muriaticum* teria sido um dos remédios homeopáticos mais indicados.

Se for receitado da maneira correta, esse medicamento pode ajudar crianças introvertidas, tornando-as expansivas e sociáveis, capazes de viver no mundo exterior com mais otimismo e tolerância.

Conclusão

Lendo este livro, provavelmente você se sentiu de volta a um universo infantil que pode ter ficado para trás há muito tempo. É uma leitura que oferece a seu filho, e também à sua "criança interior", uma oportunidade de alegrar-se e curar os pequenos ferimentos da alma com sentimentos de amor. Por algum tempo, ou talvez para sempre, você tem condições de encarar o futuro com mais confiança, aprendendo a encorajar e confortar as pequenas almas infantis, que às vezes passam por momentos de tristeza e desânimo. Uma das experiências mais belas da vida é ver a felicidade nos olhos de uma criança.

Com esse pensamento, ofereço este livro a todas as pessoas que tentam ajudar seus filhos a viver a vida, numa atitude de dedicação e carinho, sem modificar as inclinações deles.

Cada criança tem sua própria personalidade, que é preciso consolidar e aperfeiçoar. Nossos filhos depositam confiança e esperança em nossas mãos. Temos de encarar essa confiança com muito cuidado, pois as crianças também fazem parte de nós.

Elas precisam saber que têm permissão de mostrar seus lados bons e ruins, e que serão amadas pelos pais mesmo quando não satisfazem as expectativas deles. Uma criança que se sente amada tem condições ideais para crescer e evoluir. Com sua vitalidade e autenticidade, ela proporciona grande alegria aos pais, demonstrando gratidão nos momentos em que os pais também precisam de ajuda.

Sugestões de leitura

Irene Dalichow e Mike Booth. *Das Aura-Soma-Praxisbuch*. Goldmann Verlag, Munique, 1998.

_____. *Aura-Soma, Heilung durch Farbe, Pflanzen- und Edelsteinenergie*. Knaur Verlag, Munique, 1994.

Anja Senser. *Aura-Soma, Heilen mit Licht und Farben*. Südwest Verlag, Munique, 1998.

Anja Senser-Lang. *Das grosse Aura-Soma-Buch zur sanften Heilung von Körper und Seele*. Ludwig Verlag, Munique, 1997.

Darsho Marlies Willing. *Aura-Soma – Der Weg dês Herzens*. [*Aura-Soma – O Caminho do Coração*, publicado pela Editora Cultrix, São Paulo, 2002.]

Anne Irwin. *Lieben statt Erziehen*. Bauer Verlag, Friburgo, 1999.

Eva M. e Joachim Angerstein. *Mit Kindern Stille üben*. Südwest Verlag, Munique, 1997.

Christine Mill. *Kreativität und Lichtbewusstsein*. Aquamarin Verlag, Grafing, 1999.

Ferry Lackner. *Das Licht der Engel*. Windferd Verlag, Aitrang, 1993.

Philippa Merivale. *Die Aura-Soma Farbtherapie*. Aquamarin Verlag, Grafing, 1999.

Livros sobre homeopatia:

Dr. Willibald Gawlik. *Arzneimittel und Persönlichkeitsportrait*. Hippokrates Verlag, Stuttgart, 1990.

Dr. Cathrin Coulter. *Portraits homöopathischer Arzeimittel* (2 vols.). Haug Verlag, Heidelberg, 1988.

Dr. Norbert Enders. *Bewährte Anwendung der homöopathischen Arznei.* Haug Verlag, Heidelberg, 1992.

Dr. Wilhelm zur Linden. *Geburt und Kindheit.* Vittorio Klostermann Verlag, Frankfurt a.M., 1992.

Dr. Walter Buschauer. *Zur authentischen Interpretation der Homöopathie als Vollendung.* Haug Verlag, Heidelberg, 1985.

Dr. S. R. Phatak. *Materia Medica of Homoeopathic Medicines.* Indian Books and Periodicals Syndicate. Nova Delhi, 1988.

Dr. Rajan Sankaran. *The Soul of Remedies.* Homoeopathic Medical Publishers. Bombaim, 1997.

Dr. Emil Breu. *Homöopathie – Eine Einführung.* Druckerei Glanser AG, Fraubrunnen, 1996.

Dr. Horst Barthel. *Synthetisches Repertorium* (3 vols.). Haug Verlag, Heidelberg, 1987.